장수풍뎅이와 사슴벌레 탐구백과

리얼 생태 관찰 &
채집과 사육, 표본까지!

김진 지음

개정2판

김 진

어릴 때부터 곤충 사랑이 남달랐고 지금도 장수풍뎅이와 사슴벌레를 사육하고 수집하며 만나고 있습니다. 대학에서 환경학을 전공하였고 현재 전남 영암곤충박물관에서 근무하면서 곤충생태 연구, 사진 촬영, 사육 및 표본제작에 열심입니다. '국제곤충연구소'와 '한국메뚜기연구회', '한국잠자리연구회' 등에서 활동하며 앞으로도 더 다양한 곤충을 탐구할 계획입니다.

곤충 전문지 《인섹트마니아》 객원기자, 광주교육과학연구원 생물연구실, 전남 여수시 곤충전시관 《빠삐용관》 등에서 근무하였고, BRIC(생물종연구센터) 곤충 칼럼니스트로도 활동하였습니다. 월간 《과학쟁이》에 '연못의 사냥꾼 물방개'(2013.9. 웅진), 《계간 곤충》에 '여수시에서 발견된 방패광대노린재', 《클럽하우스》(한국골프경영인협회지, 2024)에 '봄과 함께 찾아오는 손님, 벌' 등을 연재 및 투고하였습니다.

주요 저서로 『처음 만나는 곤충이야기』(2013, 우수과학도서 선정), 『쉽게 찾는 우리 곁의 곤충』(2022) 『힘이 센 장수풍뎅이야』(비룡소, 2017) 등이 있습니다.

개정2판 1쇄 발행 2024년 7월 30일

지은이 김 진

펴낸곳 도서출판 이비컴
펴낸이 강기원

표　지 초록비(iStock)
편　집 윤미현
마케팅 박선왜

주　소 (02560) 서울시 동대문구 고산자로 34길 70, 431호
전　화 02-2254-0658
팩　스 02-2254-0634
이메일 bookbee@naver.com

등록번호 제6-0596호(2002.4.9)
I S B N 978-89-6245-226-6 (73490)

ⓒ 김진, 2024

· 이 책은 도서출판 이비컴이 저작권자와의 계약에 따라 발행한 것이므로 저자와 출판사의 서면 허락 없이 함부로 복제할 수 없습니다.
· 파본이나 잘못 인쇄된 책은 구입하신 서점에서 교환해주세요.

장수풍뎅이와 사슴벌레는 숲을 지배하는 지배자입니다.

아이들은 크고 멋진 뿔을 가진 장수풍뎅이와 가위 같은 큰 턱을 가진 사슴벌레를 동경해 왔으며, 애완 곤충으로 인기를 끌고 있습니다. 장수풍뎅이는 국내에 3종, 사슴벌레는 17종이 살고 있습니다. 국내에서 가장 작은 사슴벌레는 이른 봄에 활동하는 '원표보라사슴벌레'이며 크기는 7~11mm 정도입니다. 가장 큰 사슴벌레는 '넓적사슴벌레'이며 최대 크기는 88mm가 넘기도 합니다. 종류가 다양한 만큼 생활사도 다양합니다.

멸종위기 곤충인 두점박이사슴벌레처럼 제주도에만 볼 수 있는 종류가 있으며, 소나무를 먹는 꼬마넓적사슴벌레도 있습니다. 장수풍뎅이도 작은 종류들이 있으며, 생태가 잘 밝혀지지 않았던 둥글장수풍뎅이는 최근에 생활사가 밝혀지기도 했습니다.

해외에는 우리나라 사슴벌레와 장수풍뎅이를 닮은 종류가 많으며, 동남아 지역과 남미에는 크기가 10~20cm에 달하는 크고 강한 종류가 서식하고 있습니다. 세계적으로 장수풍뎅이와 사슴벌레는 인기 있는 연구 대상이며, 일부 나라에서는 계속해서 새로운 종류가 발견되고 있다고 해요. 가장 작은 사슴벌레인 '에살루스사슴벌레'는 약 20mm 정도이며, 가장 큰 장수풍뎅이인 '헤라클레스왕장수풍뎅이'는 최대 크기가 180mm가 넘습니다. '뮤엘러리무지개사슴벌레'처럼 화려한 종류도 많습니다.

이 책은 우리나라 기후환경 변화와 현장 촬영 사진 중심에 비중을 두고 개정을 거듭하여 우리 땅에서 살아가는 장수풍뎅이와 사슴벌레들의 생태를 관찰하고, 사육 방법, 표본 방법 및 종류 등에 대해 설명합니다. 또한 보기 어려운 기형곤충이나 변이곤충에 대해서도 소개하고, 어려울 수 있는 표본 방법도 쉽게 알려줍니다. 대부분의 사진은 직접 촬영한 것이지만, 일부 사진은 도움을 받았고 귀중한 사진을 사용하도록 허락해 주신 분들께 감사드립니다.

이 책이 나오기까지 많은 분의 도움과 응원이 있었습니다.

만천곤충박물관의 김태완 대표님, 이화여자대학교 자연사박물관의 류재원 형님, 상규나비연구소의 손상규 선생님, 곤충을 사랑하시는 지민주 님, 문화곤충연구소 박해

철 소장님, 곤충연구가 김경용 님, 박상윤 님, 최락중 님, 곤충조각작가 김도엽 님을 포함한 모든 곤충연구자 선후배님께 깊은 감사를 드립니다. 요즘 곤충에 많은 관심을 보이는 한국농수산대학교 산업곤충전공의 김태연에게 이 책을 선물합니다.

캐나다의 곤충학자 Dr. Patrice Bouchard와 일본의 애호랑나비 연구가 Mr. Haruo Mizutani께도 감사를 드립니다. Thank you for support me!

제가 곤충을 사랑할 계기를 만들어 준 곤충연구자 故 Jean Henri Fabre(France)와 그의 증손자이면서 곤충을 사랑하는 작가 Jan Fabre(Belgium)에게 존경의 인사를 드립니다. 근무하고 있는 영암곤충박물관의 김석&이현숙 관장님, 김여송 부관장님, 류일용 학예사님, 장윤정 학예사님, 이성현 팀장님, 전혜미 환경교육사님께도 특별한 감사를 드립니다. 덕분에 지난 2023.07~2023.12에 개인전을 열 수 있었습니다.

저의 특별한 인연인 나미나라공화국 남이섬의 민경혁 대표님, 정재우 마케팅 부문장님, 호텔 정관루의 김민년 총지배인님 감사합니다. 남이섬은 저의 영원한 뮤즈이며 곤충 연구에 매우 큰 도움을 주었습니다. 감사합니다.

여수 은혜요양병원 정현자 부장님과 천안 로스터리카페 '니콘' 대표이자 판타지 소설작가 김영훈님께도 특별한 감사의 인사를 드립니다.

책이 나올 수 있도록 힘써주신 출판 관계자분께 감사드리며, 오랜 시간 함께 해온 곤충들에게도 고마운 마음을 전하고 싶습니다.

끝으로 사랑하는 어머니와 동생에게 감사와 사랑을 전합니다.

2024년 여름, 김진

차 례

1장 장수풍뎅이와 사슴벌레가 사는 법

- 서식환경 : 어디서 살까? — 8
- 애벌레 생활 : 애벌레일 때는 어떻게 살까? — 10
- 성충 생활 : 성충일 때는 어떻게 살까? — 11
- 장수풍뎅이와 사슴벌레는 어떻게 생겼을까? — 14

2장 장수풍뎅이와 사슴벌레 채집하기

- 채집 준비물 : 무엇을 준비할까? — 18
- 먹이식물 구별법 : 무엇을 먹고 살까? — 20
- 채집 장소찾기 : 어디서 살까? — 22
- 채집방법 : 성충과 애벌레 채집하기 — 25

3장 장수풍뎅이와 사슴벌레 사육하기

- 사육을 위한 준비물 — 36
- 어떻게 키워야 할까? — 36
- 우화시기의 관리법 — 46

4장 장수풍뎅이와 사슴벌레 표본 만들기

- 표본을 만드는 이유   48
- 표본은 어떻게 만들까?   49
- 전족이 중요한 이유   56

5장 우리 땅에 사는 장수풍뎅이 & 사슴벌레 도감

- 장수풍뎅이   58
- 외뿔장수풍뎅이   60
- 둥글장수풍뎅이   62
- 원표애보라사슴벌레   64
- 길쭉꼬마사슴벌레   66
- 큰꼬마사슴벌레   68
- 뿔꼬마사슴벌레   70
- 꼬마넓적사슴벌레   72
- 엷은털왕사슴벌레   74
- 털보왕사슴벌레   76
- 왕사슴벌레   78
- 애사슴벌레   80
- 홍다리사슴벌레   82
- 다우리아사슴벌레   84
- 넓적사슴벌레   86
- 참넓적사슴벌레   88
- 사슴벌레   92
- 톱사슴벌레   94
- 두점박이사슴벌레   96

부록

- 장수풍뎅이와 사슴벌레 Q&A   100
- 한국과 일본의 사슴벌레 변이 사례   106
- 세계 최대 장수풍뎅이&사슴벌레   108
- 알아두면 좋은 곤충박물관&곤충샵   114
- 곤충 채집과 관찰에 필요한 도구들   115
- 용어 해설   116
- 곤충 관찰 일지   118

1장 · 장수풍뎅이와 사슴벌레가 사는 법

장수풍뎅이와 사슴벌레는 우리에게 친숙한 곤충이에요. 장수풍뎅이와 사슴벌레와 친해지려면 이들이 어떤 환경에서 살아가는지를 먼저 알아가야겠죠? 또 이 친구들을 만나려면 깊은 산은 아니더라도 우리 주변의 가까운 곳에서도 만날 수 있으며, 동네 뒷산의 참나무 종류가 있는 곳이라면 만날 수 있어요.

서식환경 : 어디서 살까?

장수풍뎅이와 사슴벌레는 산에서 살아가는 산지성 곤충입니다. 하지만 도심 외곽 낮은 산에서도 쉽게 발견되며, 일부는 산과 가까운 도심지에서도 발견되지요.

:: 장수풍뎅이와 사슴벌레 서식지 숲(무등산 국립공원)

:: 애벌레의 서식환경

:: 먹이활동 하는 사슴벌레

애벌레들은 썩은 참나무류(상수리나무, 떡갈나무, 신갈나무, 졸참나무, 갈참나무, 굴참나무 등)를 갉아먹으며, 일부 사슴벌레는 벚나무나 팽나무, 느티나무 같은 일부 활엽수에서도 쉽게 발견되요. 성충은 여름에 활동하며, 보통 높은 나뭇가지나 수액이 나오는 나무의 뿌리 근처에 숨어 있다가, 밤이 되면 활동을 시작합니다. 수액이 많은 곳에서는 많은 개체가 발견되고, 수컷끼리 싸우는 모습을 보게 되기도 합니다.

이건 상수리 나무의 잎

∷ 다양한 참나무 잎(왼쪽부터 떡갈, 갈참, 신갈, 졸참, 굴참, 상수리나무 순)

위의 잎사귀 사진들은 다양한 참나무의 잎이며, 특히 맨 오른쪽 잎의 주인공인 상수리나무의 수액에 가장 많은 곤충이 발견되곤 합니다. 참나무가 오래될수록 수액이 많으며, 낮은 지대일수록 썩은 나무들도 많아져, 애벌레와 성충들이 적절하게 발견되고, 특히 일부 사슴벌레들은 같은 지역에서 발견되기도 합니다.

곤충들이 너무 멀리 있다고 생각하지 말고, 우리 집 주변의 야산에서부터 탐사하면서 찾아본다면 어렵지 않게 발견할 수 있을 거예요. 그러면 이어서 애벌레와 성충의 생태를 살펴보고 그것의 사는 법에 대해 좀 더 자세히 알아보기로 해요.

애벌레 생활 : 애벌레일 때는 어떻게 살까?

장수풍뎅이와 사슴벌레의 애벌레는 썩은 나무에 알을 낳아요. 애벌레는 썩은 나무를 먹는데, 이때 장수풍뎅이 애벌레는 썩은 나무보다는 썩은 나무 주변의 부엽토와 썩은 낙엽을 더 좋아해요. 썩은 나무의 뿌리 근처나 땅에 파묻힌 나무에서 장수풍뎅이가 더 발견되곤 하는데, 장수풍뎅이의 이빨은 사슴벌레 애벌레만큼 날카롭지 않기 때문입니다.

참나무 숲에는 자연적으로 죽은 나무들이 많지만, 요즘은 둘레길이나 임도(산길)를 만들기 위해 솎아내듯이 나무를 베기도 해요. 그러다 보니 베어낸 나무들이 자연적으로 썩기 시작하고, 이것이 곤충들의 먹이가 된답니다.

겨울이 되면 안쪽으로 이동하면서 추위를 피하게 되지요. 그러다 약 2년 후 번데기가 될 시기가 다가오면 나무껍질에서 가까운 곳에 번데기방을 만들고 번데기가 됩니다.

그 이후에 성충이 되려고 우화 후 때가 되면 번데기방을 탈출하게 되지요.

∷ 썩은 상수리나무
∷ 참나무 발효톱밥
∷ 장수풍뎅이 애벌레
∷ 왕사슴벌레 애벌레

성충 생활 : 성충일 때는 어떻게 살까?

장수풍뎅이와 사슴벌레의 성충은 대부분 낮에 휴식을 취합니다. 나무껍질 속이나 쓰러진 나무 아래, 낙엽 밑이나 나무뿌리 아래에 숨어있지요. 그러다가 밤이 되면 기어 나와서 본격적으로 활동을 시작합니다.

물론, 원표보라사슴벌레나 애사슴벌레처럼 낮에도 활동하는 경우도 있어요.

원표보라사슴벌레는 주로 4~5월에 활동하는데, 참나무 새순에 상처를 내고 그 즙액을 먹으면서 지내요. 애사슴벌레나 홍다리사슴벌레, 넓적사슴벌레는 가끔 낮에 먹이활동을 하기도 해요. 밤에 활동하는 사슴벌레들이 낮에 먹이활동 할 때는 오랫동안 먹이를 못 먹거나 흐리고, 장마 전후랍니다.

장마 기간에는 오랫동안 활동을 못 하기 때문에 장마가 오기 전에는 먹이를 많이 먹어둬야겠지요? 그러다 보면 좁은 수액 터에 많은 사슴벌레와 장수풍뎅이가 모여 먹이를 차지하려고 다투는 모습을 발견하게 됩니다.

:: 죽은 넓적사슴벌레   :: 낮에 채집한 넓적사슴벌레

그러다 보니 활동적인 넓적사슴벌레나 장수풍뎅이는 낮에 발견되는 경우가 많은데, 낮에 활동하다 보면 천적의 공격을 받고 죽기도 해요. 왼쪽 사진의 넓적사슴벌레는 수로 부근에서 발견되었는데, 아마도 근처의 가로등에 날아왔다가 숲으로 돌아가지 못하고 수로에 빠져 죽었을 거에요. 한편, 가로등이나 건물 주변에는 건강한 넓적사슴벌레가 배회하는 모습을 종종 만나게 됩니다.

:: 소나무 뿌리 근처의 장수풍뎅이   :: 휴식하는 장수풍뎅이

위 사진처럼 장수풍뎅이는 독특하게도 소나무에서도 발견되기도 해요. 아마도 주변 가로등으로 날아왔다가 날이 밝자, 나무뿌리 근처에 숨으려고 했던 것 같아요. 그러다가 흙이 너무 단단해 흙을 파고 들어가질 못해 그냥 나무 아래에서 휴식하고 있었던 것 같지요? 시골에서는 가로등 주변을 배회하거나 죽은 장수풍뎅이를 자주 만날 수 있어요. 주로 남부지방에서 나타나는 장수풍뎅이가 이제는 도심에서도 종종 나타납니다. 장수풍뎅이나 사슴벌레는 낮에 충분한 휴식을 취하고 밤에 열정적으로 활동해요. 단단한 갑옷을 입고 있어 활동하다가 서로 만나면 힘겨루기를 한답니다.

::활동하는 넓적사슴벌레 암컷

::수액을 먹는 왕사슴벌레

장수풍뎅이와 사슴벌레는 주로 여름에 활동하며, 수액을 찾고 짝을 찾는 데 시간을 사용해요. 육식성 사슴벌레들은 죽은 곤충을 찾으면서 활동하고, 수컷들은 암컷을 차지하기 위해 다른 곤충들을 쫓아내기 위해 노력해요.

그러나 가을이 다가오면 동면을 준비합니다. 장수풍뎅이와 톱사슴벌레 등 일부 사슴벌레들은 가을에 산란하고 죽게 되는데, 이들은 애벌레로 동면을 하게 돼요. 애사슴벌레나 왕사슴벌레, 넓적사슴벌레같이 수명이 긴 종류는 애벌레, 번데기, 성충으로 동면을 해요. 성충들은 아래 사진처럼 나무껍질 바로 아래에 작은 방을 만들고 그 안에서 동면을 합니다. 그리고 5월이 되면 동면에서 깨어나게 되는 것이지요. 겨 울동안에 나무속에서 겨울잠을 자면 참 지루할 것 같지 않나요?

::동면을 위해 나무에 구멍을 판 모습

::동면 중인 넓적사슴벌레 암컷

1장 장수풍뎅이와 사슴벌레가 사는 법

장수풍뎅이와 사슴벌레는 어떻게 생겼을까?

장수풍뎅이와 사슴벌레를 알기 위해서는 이들이 어떻게 생겼는지 살펴봐야 해요. 장수풍뎅이와 사슴벌레의 몸을 한 번 비교하여 살펴볼까요?

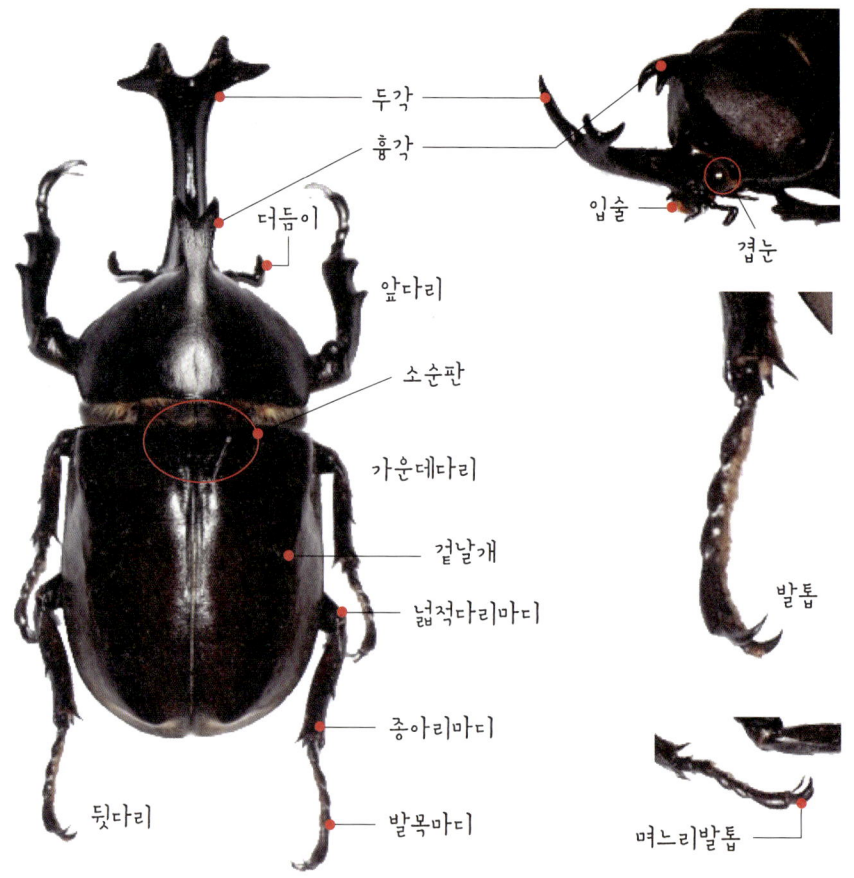

∷ 장수풍뎅이 성충의 몸 구조(만천곤충박물관)

장수풍뎅이는 큰 뿔과 커다란 몸이 특징이랍니다. 단단한 겹눈은 시력이 많이 좋지 않지만, 대신 더듬이를 감각기관으로 잘 사용합니다.

특히 발톱 사이에 며느리발톱이 있어서 나뭇가지에 단단히 매달릴 수 있어요.

∷ 장수풍뎅이 애벌레의 몸 구조

장수풍뎅이 애벌레의 몸 구조는 단순하게 생겼습니다. 커다란 겹눈 그리고 튼튼한 큰 턱이 있는 머리와 몸통 부분으로 이루어져 있습니다. 큰 턱과 겹눈 사이에는 더듬이가 있습니다. 몸 마디마디에는 숨을 쉬는 숨구멍인 '**기문**'이 있으며, 짧은 다리 6개도 있습니다.

몸은 크고 길쭉한 모양이며, 흙 속을 돌아다니기에 편하게 되어 있어요. 수컷은 항문에서 3번째 부분 안쪽에 아주 작은 'V'자 모양의 무늬가 표시되어 있고, 암컷은 아무런 무늬가 없습니다.

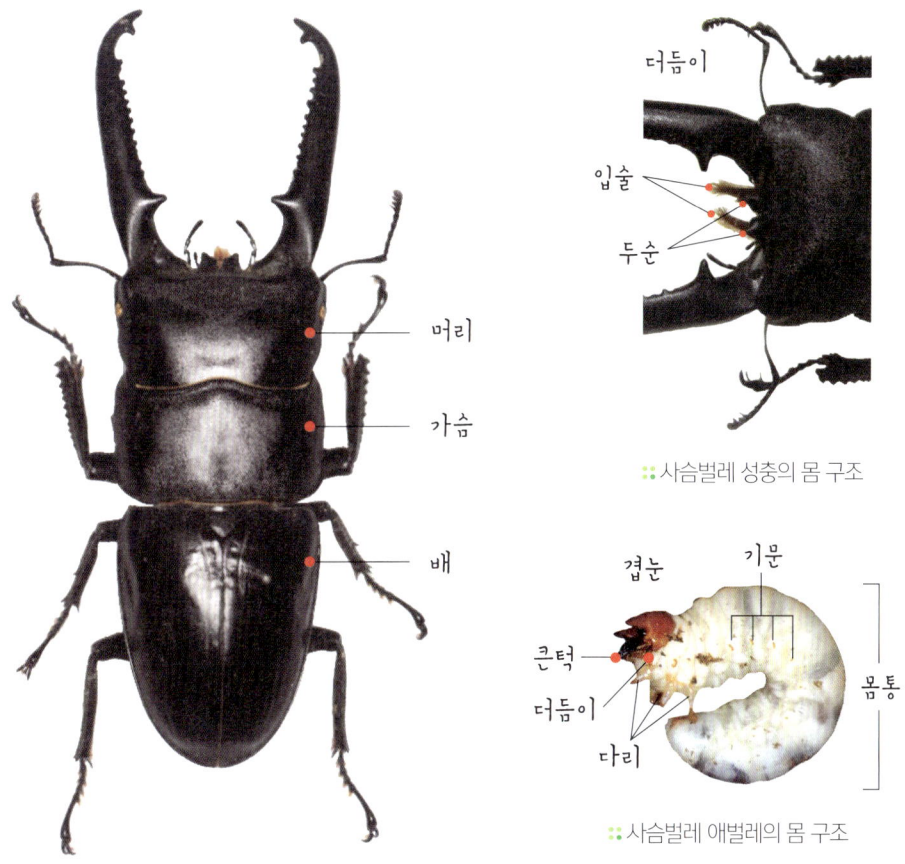

:: 사슴벌레 성충의 몸 구조

:: 사슴벌레 애벌레의 몸 구조

사슴벌레는 장수풍뎅이와는 달라요. 우선 뿔이 없는 대신에 큰 턱이 길게 늘어나 무기처럼 사용할 수 있어요. 그리고 사슴벌레는 장수풍뎅이에 비해 납작한 몸을 가지고 있어 얇은 나무껍질 안에도 쉽게 숨을 수 있어요. 또한 사슴벌레는 머리의 앞부분 중앙 부분에 '**두순**'이라는 부분이 있는데, 비슷한 종류끼리는 종종 두순을 통해 종류를 구별해내기도 한답니다.

그 외 다른 부분은 장수풍뎅이와 비슷한 부분이 많습니다. 사슴벌레의 애벌레 역시 장수풍뎅이 애벌레와 비슷합니다. 몸의 각 마디에는 숨구멍이 있으며, 짧은 다리들도 6개가 있습니다. 다만, 큰 턱은 장수풍뎅이 애벌레보다 더 날카롭습니다. 그 이유는 먹이 때문인데, 장수풍뎅이 애벌레는 부엽토나 두엄, 퇴비 등을 먹기 때문에 날카로운 느낌이 덜해요. 하지만 사슴벌레 애벌레는 썩은 나무의 줄기 속을 갉아 먹기 때문에 날카로운 큰 턱이 필요하답니다. 이 큰 턱 덕분에 단단한 나무 속을 잘게 부숴 먹을 수 있어요.

참고로 생활환(Life Cycle)이 비슷한 장수풍뎅이와 사슴벌레의 한살이를 살펴보면 수명이 3~5개월인 것들은 애벌레-번데기-성충-알-애벌레로 이어지는 한살이가 비슷한 반면, 수명이 1년 이상 비교적 긴 사슴벌레들은 다음 해 5~6월에 활동을 시작하고, 9월쯤 산란을 해요. 그러다 보니 넓적사슴벌레나 왕사슴벌레같이 수명이 긴 종류는 애벌레, 번데기, 성충 등 다양한 형태로 겨울잠을 잡니다. 아래는 장수풍뎅이와 사슴벌레의 한살이를 비교한 도표예요.

■ 장수풍뎅이&사슴벌레의 한살이(수명이 3~5개월 인 개체) - 톱사슴벌레는 성충으로도 동면

1월	2월	3월	4월	5월	6월	7월	8월	9월	10월	11월	12월
애벌레				번데기		성 충			알	애벌레	

■ 사슴벌레의 한살이(수명이 1년 이상 인 개체)

1월	2월	3월	4월	5월	6월	7월	8월	9월	10월	11월	12월
애벌레				번데기		성 충			알	애벌레	
수명이 긴 성충은 다음 해 5~6월에 활동을 시작한다.											

2장 · 장수풍뎅이와 사슴벌레 채집하기

장수풍뎅이와 사슴벌레들을 관찰하려면 무엇이 필요하고, 어떤 나무를 좋아하는지, 어디를 찾아가야 하는지를 알아야 해요. 또 곤충을 만나러 갈 땐 항상 위험 요소들을 살펴야 하는데 주로 산으로 가기 때문에, 더위나 추위를 완벽하게 막을 수 있도록 알맞은 옷을 입고, 어른들과 같이 가는 것이 좋아요.

채집 준비물 : 무엇을 준비할까?

장수풍뎅이나 사슴벌레를 채집하기 위해서는 어떤 것을 준비해야 할까요? 기본적으로 곤충을 채집하는 도구, 채집한 곤충을 담을 통이 있어야 합니다.

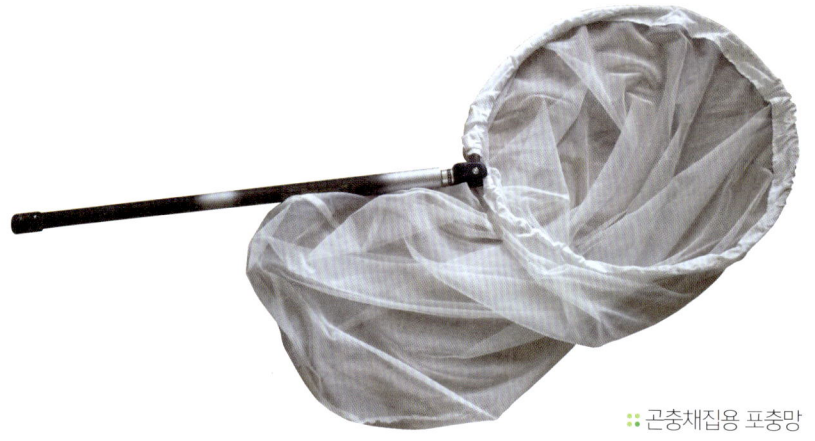

∷ 곤충채집용 포충망

포충망은 장수풍뎅이나 사슴벌레뿐 아니라 모든 곤충을 채집하는데, 꼭 필요한 필수품입니다. 팬시점이나 완구점에서 플라스틱으로 된 포충망과 채집통을 판매하고 있으니, 그곳에서 구입해 사용하면 됩니다. 그러나 높은 곳에 사는 곤충을 채집하기 위해서는 전문 포충망이 필요합니다. 장수풍뎅이나 사슴벌레는 보통 높은 나뭇가지에서 발견되기 때문에 전문가용 포충망이 필요합니다.

다양한 곤충전문점이나 박물관 등에서 전문가용 포충망을 판매합니다. 대의 길이도 자유롭게 조절할 수 있으므로 이런 곳을 방문해서 구입할 때, 사용법을 미리 익혀두는 것이 좋습니다.

또한 채집한 곤충을 담기 위해서는 적당한 크기의 용기가 필요한데, 가장 많이 사용하는 것은 지퍼백과 클리어케이스입니다. 곤충전문점에서는 다양한 크기의 지퍼백을 판매하지만, 약한 편이어서 날카로운 발톱을 가진 장수풍뎅이나 사슴벌레를 담기에는 부족합니다. 지퍼백은 겨울에 동면하느라 움직임이 적을 때 주로 사용되고, 클리어케이스는 생활용품 마트에서 '공구함'으로 판매하고

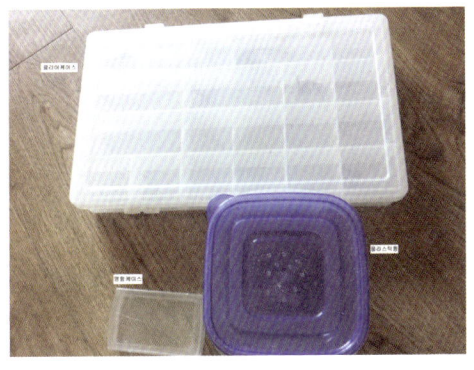
:: 다양한 채집통

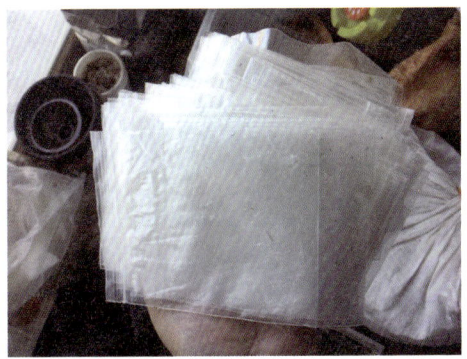
:: 지퍼백

있어요. 역시 다양한 크기로 판매하므로 적당한 크기의 것을 사용하면 됩니다. 그 외에 플라스틱 통과 명함케이스도 적절하게 사용할 수 있습니다.

:: 사육통

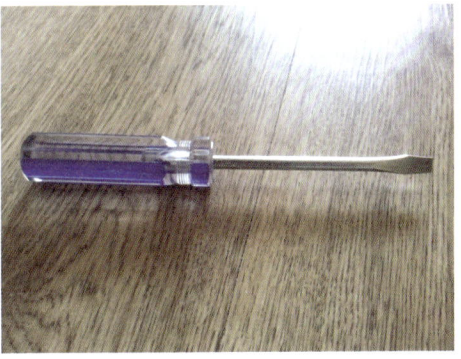
:: 일자 드라이버

사육통은 클리어케이스가 없을 때 사용할 수 있어요. 나뭇가지와 낙엽을 많이 넣어둔다면, 장수풍뎅이와 사슴벌레들을 여러 마리 넣어둘 수 있어요. 하지만, 그래도 싸움을 하기 때문에 가능하다면 따로 보관하는 것이 좋아요. 일자 드라이버도 유용합니다. 곤충이 숨어있는 나무껍질을 벗기거나 썩은 나무에 사는 애벌레를 채집할 때 사용하는데, 다치지 않도록 주의해서 사용해야 합니다.

그 외 장갑, 등산화, 선크림, 채집통을 담을 가방도 필수지요.

먹이식물 구별법 : 무엇을 먹고 살까?

∷ 장수풍뎅이와 사슴벌레가 좋아하는 참나무 중 갈참나무

그렇다면 장수풍뎅이와 사슴벌레는 어떤 나무를 좋아하고, 먹이로 삼을까요? 장수풍뎅이와 사슴벌레는 도토리가 열리는 참나무 종류를 주요 먹이식물로 삼아요. 참나무가 많지 않은 지역에는 벚나무나 팽나무, 서어나무나 느티나무 등의 활엽수에서 발견되기도 하고, 참나무 중에서는 상수리나무와 떡갈나무를 좋아하며, 수액이 많이 나오는 나무를 선호해요. 상수리나무는 장수풍뎅이와 사슴벌레를 채집하는 사람들에게는 매우 친숙하게 알려진 나무이며, 도심보다는 도시 외곽, 시골 근처 등에서 찾을 수 있는데, 낙엽이 떨어진 겨울에는 찾기가 쉽지 않을 수 있어요. 그럴 때는 겨울눈이나 나무껍질, 떨어진 낙엽의 모양, 참나무의 열매인 도토리 모양 등을 통해 참나무들을 찾아낼 수 있답니다.

:: 상수리나무의 잎

:: 상수리나무의 껍질

우리가 가장 쉽게 찾을 수 있는 상수리나무는 잎이 밤나무 잎과 비슷하게 생겼어요. 하지만, 자세히 보면 달라요. 밤나무 잎은 잎의 가장자리에 톱니 모양의 작은 가시들이 있지만, 상수리나무의 잎은 가장자리의 돌기들이 작아요.

:: 떡갈나무 잎

떡갈나무나 신갈나무는 잎이 두꺼운 편이지만, 사진을 보면 알 수 있듯이 가장자리의 모양이나 잎의 크기가 달라요. 특히 떡갈나무의 잎은 참나무 종류 중 가장 커서 구별하기 쉬워요. 굴참나무의 잎 역시 상수리나무와 비슷하고, 졸참나무는 신갈나무 잎의 축소판이라고 할 수 있을 정도로 작답니다.

:: 신갈나무 잎

겨울에는 이들의 낙엽이나 도토리를 통해 찾을 수 있는데, 특히 떡갈나무는 잎이 늦게 떨어지는 편이라 의외로 찾기가 어렵지 않습니다.

채집 장소찾기 : 어디서 살까?

:: 수액을 먹는 풍이(왼쪽)와 네발나비

장수풍뎅이와 사슴벌레를 채집하기 위해 모든 준비를 마쳤다면 이들이 서식하는 장소를 찾아야 합니다. 처음부터 멀리 갈 필요는 없답니다. 집 근처에 뒷산이 있거나 공원이 있다면 바람을 쐴 겸 참나무들을 찾아보는 것이 중요해요. 그런데 참나무가 있다고 해서 무조건 채집할 수 있는 것은 아니에요. 주변이 곤충이 서식할 만한 환경이 되는지를 따져봐야 해요.

공기가 깨끗하고, 다른 식물들도 풍부하며, 썩은 나무가 있거나, 수액이 나오는 나무가 있는지를 알아봐야 합니다. 그리고 그 수액을 먹는 곤충들이 있다면 장수풍뎅이나 사슴벌레도 함께 서식할 가능성이 커요. 위 사진에서처럼 나비나 풍이, 개미들이 수액을 먹는 모습이 발견되면, 밤에 장수풍뎅이와 사슴벌레가 나타날 가능성이 높지요.

∷ 서식지

∷ 표고버섯 폐목

산마다 다양한 나무들이 서식하는데, 소나무가 많은 산에는 서식하지 않고, 소나무와 참나무류, 벚나무 등 다양한 나무들이 있고, 근처에 계곡이 있으면 더욱 좋습니다. 동네 뒷산이나 표고버섯을 재배하는 농장 근처의 야산에도 많은 곤충을 만날 수 있는 최적의 장소지요.

특히 버려진 표고버섯 폐목에는 장수풍뎅이와 사슴벌레 애벌레가 많아요.

참나무를 찾게 된다면 우선 수액이 나오는 나무인지부터 구별해야 합니다. 대개 상처가 있거나 껍질이 벗겨진 나무에서 수액이 나올 가능성이 커요. 수액이 많은 나무는 낮에도 수액이 흘러 시큼한 냄새를 풍겨요. 이런 나무에는 낮에 수액을 먹는 곤충들이 발견되고, 뿌리 근처에 쌓인 낙엽이나 흙 속에는 낮잠을 자는 장수풍뎅이나 사슴벌레를 발견할 수 있답니다. 보통 그런 나무들은 밤에 찾아가면 많은 수의 장수풍뎅이와 사슴벌레를 찾을 수 있습니다. 그리고 주변의 가로등으로도 날아오는데, 이것은 장수풍뎅이나 사슴벌레가 불빛으로 날아오는 습성이 있기 때문입니다. 서식지 주변의 주유소도 훌륭한 관찰 장소가 되는 셈이죠.

∷ 수액이 나오는 자리

∷ 수액을 먹는 네발나비들

:: 썩은 활엽수

서식지에 있는 썩은 활엽수들은 사슴벌레나 장수풍뎅이의 좋은 서식지가 됩니다.

땅에 파묻혀 부드러운 부분에는 장수풍뎅이 애벌레가 주로 발견되고, 약간 단단한 줄기 부분에는 사슴벌레 애벌레가 발견됩니다. 그리고 시골에서 볼 수 있는 부엽토나 두엄 등에서는 장수풍뎅이와 꽃무지, 장수풍뎅이의 애벌레가 발견됩니다. 그러므로 이런 곳을 잘 찾아서 쪼개보면 애벌레들을 쉽게 발견할 수 있을 거예요.

:: 썩은 벚나무

:: 참나무 톱밥

채집 방법 : 성충과 애벌레 채집하기

:: 채집한 톱사슴벌레

장수풍뎅이와 사슴벌레 성충 채집은 주로 밤에 이루어져요. 겨울잠을 자는 겨울에는 낮에 채집이 가능하지요. 그러기 위해서는 준비를 잘 하고 가야겠죠?

:: 나무껍질 속의 사슴벌레들

:: 나무껍질 속에 숨은 넓적사슴벌레

:: 넓적사슴벌레 암컷

:: 넓적사슴벌레 수컷

장수풍뎅이와 사슴벌레 성충은 주로 5~8월에 채집하는데, 사슴벌레들은 5월부터 볼 수 있고, 장수풍뎅이는 7월부터 만날 수 있어요. 수액이 흐르는 참나무와 그 주변 가로등에서 채집할 수 있습니다.

밤에 채집하기 위해서는 낮에 미리 수액이 흐르는 나무를 찾아두면 좋아요. 시큼한 식초 냄새 같은 냄새가 강하게 풍기고, 수액이 많이 흘러 나비나 벌같은 곤충들이 많은 나무일수록 좋습니다. 이런 나무에는 십중팔구 장수풍뎅이와 사슴벌레가 밤에 모여듭니다. 그리고 수액이 흐르는 자리 주변의 나무껍질이나 나무뿌리 근처 낙엽 안에서 낮잠을 자는 장수풍뎅이와 사슴벌레가 발견되기도 해요.

숨어있는 사슴벌레를 조심스럽게 꺼내거나, 핀셋을 사용해서 조심스럽게 꺼냅니다. 이때 주의해야 할 점이 있는데, 사슴벌레는 인기척을 느끼면 죽은 척 하면서 아래로 떨어져 버려요. 수북이 쌓인 낙엽

:: 수액이 흐르는 자리에서 나무껍질을 조사하는 모습 (제공: 김지승)

:: 나무껍질 안에 숨어있는 왕사슴벌레를 채집하는 모습

으로 떨어지면 찾기가 어렵답니다.

그래서 사진처럼 나무껍질에 숨어있는 사슴벌레를 잡기 위해서는 아래에 사육통이나 포충망을 두어 거기로 떨어지도록 유도해야 쉽게 채집할 수 있어요. 그리고 주변에는 모기가 많기 때문에 긴 옷을 입거나 몸에 뿌리는 모기약을 뿌려서 모기의 접근을 막게 해야 해요. 그렇지 않으면 모기가 우리 주변을 날아다녀 우리의 주의를 뺏기도 하고 물기도 할 거예요.

밤에 채집할 때에는 손전등을 지참해야 채집하기 편하고, 서식지 주변의 가로등 아래에는 불빛에 모인 사슴벌레와 장수풍뎅이를 채집할 수 있어요.

채집한 사슴벌레들은 사진처럼 클리어케이스(공구함)에 한 마리씩 담아두는 것이 좋습니다. 클리어케이스는 칸을 조절할 수 있으므로, 큰 사슴벌레나 장수풍뎅이도 보관할 수 있어요. 겨울에는 애벌레 채집에도 유용하게 사용합니다.

:: 채집한 장수풍뎅이

:: 클리어케이스의 사슴벌레들

:: 트랩을 설치한 모습

:: 미끼에 모인 장수풍뎅이들

:: 수액이 흐르는 상수리나무

:: 수액에 모인 나비와 사슴벌레

그렇다면 낮에는 어떻게 채집하는 것이 좋을까요?

서식지 주변에 미끼를 두어 채집하거나 앞에서 말한 수액이 나오는 나무 주변을 수색하는 방법이 좋아요. 미끼를 두는 방법은 곤충농장에서도 많이 활용하는 방법이랍니다. 과일 배로 유명한 전남 나주나 영암에 위치한 곤충 농장에서는 오래된 배를 사용해 미끼를 만들어요. 썩거나 태풍에 떨어진 배를 모아 식초 등을 뿌려서 사진에서처럼 바구니에 담아 서식지 주변에 두면 밤사이에 미끼의 냄새를 맡은 곤충들이 바구니 안으로 들어가게 됩니다. 장수풍뎅이와 사슴벌레가 같이 채집되는 곳에서는 바구니 안을 장수풍뎅이가 차지하고, 바구니 아래쪽에는 장수풍뎅이를 피해 숨은 사슴벌레들을 쉽게 채집할 수 있어요.

수액이 흐르는 참나무에는 낮에 활동하는 곤충들을 만날 수 있어요. 네발나비나 왕오색나비, 고려나무쑤시기나 장수말벌 등 다양한 곤충들을 만날 수 있고, 너무 허기져서 낮에도 수액을 먹는 사슴벌레들을 종종 만날 수 있어요. 낮에 곤충이 많이 모이면, 밤에는 더 많은 장수풍뎅이와 사슴벌레가 있겠지요?

밤이 되면 더 많은 곤충을 만날 수 있어요. 다양한 사슴벌레와 장수풍뎅이를 만날 수 있고, 나방과 하늘소들, 심지어 말벌도 발견됩니다. 홍단딱정벌레나 멋쟁이딱정벌레 같은 육식성 곤충들도 수액을 먹으러 오고, 갈색여치나 등에도 만날 수 있답니다. 심지어 독이 있어 무시무시한 왕지네도 만날 수 있는데, 왕지네는 수액을 먹으러 오는 나방을 잡아먹곤 합니다. 그리고 이러한 곤충들을 잡아먹기 위해 개구리나 두꺼비 같은 천적들도 모여들어서 마치 숲에서 열린 잔치에 온 느낌이 들 거예요.

그러나 애벌레 채집은 성충을 채집할 때와는 방법이 조금 달라요. 썩은 나무를 쪼개서 채집하기 때문에 포충망이 필요하지 않고, 일자 드라이버나 클리어케이스, 채집통 정도면 되고, 필요에 따라서는 작은 손도끼도 필요해요. 애벌레 채집은 성충을 채집할 때 보다 더욱 주의가 필요하기 때문에 경험이 많은 친구나 어른들과 함께 가는 것이 안전합니다. 애벌레 채집은 무엇보다 서식지 주변에 쓰러져 버섯이 피거나 땅에 묻혀있는 참나무들을 공략하는 것이 좋습니다. 특히 땅에 파묻힌 참나무와 주변의 낙엽층에서는 장수풍뎅이 애벌레가 주로 발견되고, 상대적으로 단단한 나무의 줄기 부분에는 사슴벌레의 애벌레가 들어있어요.

일부 사슴벌레들은 번데기와 성충이 같이 발견되기도 한답니다.

∷ 밤에 곤충을 채집하는 모습

∷ 왕사슴벌레의 먹이 흔적

:: 뒤집힌 썩은 참나무

:: 사슴벌레의 먹이 흔적

:: 왕사슴벌레 애벌레

:: 넓적사슴벌레 애벌레

썩은 참나무의 껍질을 손도끼나 일자 드라이버를 사용해 조심스럽게 벗겨내고, 나무의 결을 따라 조심스럽게 부숴봅니다. 갉아먹은 흔적이 발견되면, 근처에 애벌레가 있는 경우가 많기 때문에 식흔을 따라 매우 조심스럽게 나무를 부수어가야 해요.

곤충을 빨리 만나고 싶어서 무리하게 채집하다가 애벌레나 성충을 죽이는 경우가 많기 때문에, 신중하고 조심해야 안전하게 채집할 수 있답니다.

식흔을 따라가다 보면 어느 순간 작은 방이 발견되고, 애벌레나 성충이 보이기 시작될 거예요. 그때에는 곤충의 주변의 나무를 부숴 곤충의 안전을 확보하는 것이 좋아요.

그런 다음에 채집할 수 있는데, 사슴벌레의 애벌레는 날카로운 턱을 가지고 있어 물리기가 쉽습니다. 그럴 때는 작은 나뭇가지를 찾아 애벌레가 물도록 하고, 애벌레가 나뭇가지를 물면 안전하게 빼낼 수 있습니다.

채집하면 바로 애벌레를 통에 담아두어야 하는데, 여기에서도 클리어케이스가 사용되요. 사슴벌레 애벌레는 따로 두어야 하는데, 이빨이 날카로워 같이 두면 서로 물어서 죽일 수 있기 때문입니다. 애벌레를 담고 썩은 나뭇조각을 같이 두는 것이 좋습니다. 쓰러진 나무의 뿌리 근처에는 습기가 유지되어 있어서 많은 양의 애벌레를 채집할 수 있고, 번데기방을 만들어 숨어있는 성충도 발견할 수 있어요.

:: 애벌레 채집 모습

:: 애벌레 채집 모습

:: 일자 드라이버를 사용하는 모습

:: 채집한 사슴벌레 성충들

사슴벌레와 장수풍뎅이가 발견되는 장소는 산속이기 때문에 옷차림에도 신경을 써야 합니다. 겨울용 등산복이 가장 좋고, 신발도 튼튼한 등산화가 좋아요. 겨울에는 추위와 부상을 막기 위해 장갑을 끼고 채집하는 것이 좋아요.

특히 겨울에 채집되는 성충들은 대부분 번데기에서 우화한 지 오래되지 않아 발톱이 날카로워요. 맨손으로 채집하다 보면 발톱에 긁혀서 상처를 입을 수 있기 때문에 반드시 장갑을 끼도록 해요. 그렇게 하면 조금은 쉽게, 그리고 재미있게 겨울 채집을 즐길 수 있어요.

∷ 나무껍질 근처의 번데기방

∷ 번데기방 안의 성충

성충은 주로 나무껍질 바로 아래에서 발견되는 경우가 많아요. 왜 그럴까요? 우화를 하면 번데기방 안에서 일정 기간 휴식을 취한 후 여름이 되면 활동을 시작해야 하는데, 그러자면 번데기방을 부수고 나와야 하거든요. 나무의 내부보다 상대적으로 약한 껍질 바로 아래에 번데기방을 만드는 경우가 대부분입니다. 그래야 나무껍질을 부수고 나오기가 쉽기 때문이지요.

사슴벌레와는 다르게 장수풍뎅이의 애벌레는 땅에 파묻혀 푹 썩은 나무나 주변의 퇴비, 부엽토 등에서 발견되요. 이빨도 사슴벌레보다 날카롭지 않아 여러 마리가 함께 모여있는 경우가 많답니다. 채집할 때에도 한 곳에 여러 마리를 두어도 싸우지 않아요. 그래서 장수풍뎅이 애벌레는 큰 사육통에서 여러 마리를 사육할 수 있어요.

∷ 퇴비 안의 장수풍뎅이 애벌레

∷ 정리된 애벌레와 성충들

생활용품 가게에서 파는 리빙박스(40리터)에는 약 40여 마리의 장수풍뎅이 애벌레를 사육할 수 있답니다. 그리고 언급했듯이 클리어케이스에 애벌레를 담게 되면 사진에서처럼 썩은 참나무 부스러기나 나무 껍질 등을 두어 애벌레를 안정시키는 것이 좋아요. 그렇게 하면 스트레스를 덜 받게 되겠지요?

:: 채집한 성충을 정리하는 모습 (김준석)

채집한 성충들을 이동시키기 위해서는 클리어케이스에 두거나 지퍼백에 한 마리씩 담아서 이동하는데, 지퍼백은 곤충의 발톱에 쉽게 찢어질 수 있기 때문에 주의해야 해요. 지퍼백도 여러 가지 종류가 있는데, 튼튼한 것을 사용하고, 가능한 한 빨리 사육환경을 꾸며줘야 해요. 클리어케이스인 경우는 뚜껑을 열면 다른 칸의 곤충이 도망갈 우려가 있어서 주위를 잘 살펴야 한답니다.

그러다 보니 개별로 운반하기 위해 명함케이스를 사용하기도 해요. 명함케이스는 중소형의 사슴벌레를 한 마리씩 옮길 수 있어 매우 편리해요.

곤충을 채집하는 방법 중에는 불빛에 날아오는 습성을 이용한 '등화채집'이 널리 사용되고 있어요. 등화채집은 전기를 발생시키는 발전기에 하얀빛을 내는 메탈할라이드 등과 모기장(또는 하얀 천)을 사용하는데, 다양한 나방과 노린재, 장

:: 불빛에 날아오는 습성을 이용한 등화채집

2장 장수풍뎅이와 사슴벌레 채집하기

:: 여름 내 채집한 장수풍뎅이

수풍뎅이, 사슴벌레가 불빛으로 날아오고, 특히 밤에 활동하는 많은 곤충이 날아온답니다. 이때, 하얀 천에 날아오는 곤충들을 채집하면 되는데, 비 온 다음 날이나 구름이 낀 날씨에 많이 날아오고, 보름달이 뜨는 날에는 곤충들이 잘 날아오지 않아요. 등화채집을 위해서는 채집을 하기로 한 날의 저녁의 온도와 습도, 보름달의 여부를 꼭 확인해야 해요. 특히, 등화채집은 전기를 사용해야 하므로 주의가 필요하고, 반드시 어른과 같이해야 하며, 등화채집에 대한 준비물이 없다면, 채집 장소 주변의 가로등이나 밝은 불빛을 내는 편의점, 주유소 등에도 곤충들이 날아오므로 도구가 없어도 실망할 필요가 없습니다.

곤충을 채집하다 보면 많은 수의 곤충이 채집되는 경우가 많은데, 채집한 곤충을 잘 선별해야 합니다. 가끔 욕심을 부려 너무 많이 채집했다가 집에서 그 모든 수를 사육하지 못해 난감할 때가 많아요. 자신이 어느 정도의 곤충을 사육할 수 있는지를 따져보고, 적당한 양을 채집합니다. 특히, 암컷을 많이 채집한 경우에는 사육할 수만 남기 다시 자연으로 돌려보내 그들이 알을 낳고 후손을 이어가도록 도와주어야 해요. 그렇게 하면, 우리는 그다음 해에 채집하러 갔을 때 곤충 친구들을 다시 만날 수 있답니다.

3장 · 장수풍뎅이와 사슴벌레 사육하기

장수풍뎅이와 사슴벌레를 키우려면 사육통과 톱밥, 놀이목, 젤리 등이 필요한데, 애벌레는 우선 사육용 유충병과 발효 톱밥이 필요해요. 장수풍뎅이는 누구나 쉽게 키울 수 있고, 초보자도 알을 쉽게 받을 수 있어요. 사슴벌레는 큰 턱에 물리지 않게 주의하고 나무에서 생활하므로 최대한 살아온 환경에 맞춰줘야 하며 날카로운 발톱에 주의해야 합니다.

사육을 위한 준비물

참나무를 잘게 부셔 만든 톱밥에 영양소를 넣고 몇 달간 발효시킨 발효톱밥과 사육통, 젤리와 놀이목, 먹이구 등이 있습니다. 곤충사육에 필요한 사육용품들은 곤충농장과 곤충샵에서 구입할 수 있어요. 먹이구는 먹이인 곤충젤리를 담는 일종의 그릇이고, 놀이목은 나무에서 살아가는 곤충들을 위한 용품이랍니다.

놀이목이 없으면 발톱이 약해져서 나중엔 빠져버려요. 그러므로 꼭 필요하겠지요? 곤충용 젤리는 다양하게 출시되어 있지만, 곤충용이니만큼 먹어보지 않는 것이 좋아요. 애벌레를 사육하는 유충병은 성충을 단기간에 개별적으로 사육할 때 쓰여요.

:: 참나무 발효톱밥

:: 성충용 먹이, 곤충젤리

:: 성충 사육통

:: 애벌레 사육통 유충병

어떻게 키워야 할까?

적절한 사육통에 발효톱밥을 절반 정도를 채우고, 놀이목과 낙엽 등을 넣어주어요. 먹이구에는 젤리를 넣어서 투입하는데, 젤리는 2~3일에 한 번 새것으로 갈아주어야 해요. 사육할 때는 햇볕에 두지 말고, 그늘이나 방 안 책장 위에 두는 것이 좋습니다.

:: 가장 인기있는 왕사슴벌레

:: 사육이 쉬운 넓적사슴벌레

우리나라에 서식하는 사슴벌레는 17종류 정도인데, 그중에 사육이 쉽고, 인기가 많은 사슴벌레는 넓적사슴벌레, 톱사슴벌레, 애사슴벌레, 왕사슴벌레, 홍다리사슴벌레 등이 있고, 장수풍뎅이는 정말 대중적인 인기를 얻고 있어요.

그리고 대부분의 사슴벌레는 사육 방법이 쉽지만, 일부 사슴벌레는 온도나 먹이 등 까다로운 종류가 있어 사육에 난이도가 있답니다.

:: 난폭한 톱사슴벌레

장수풍뎅이는 성충의 수명이 3개월뿐이지만, 알을 받기 쉽고 애벌레 기간이 약 6~8개월 정도여서 누구나 사육하기 쉽답니다. 사슴벌레들은 종류에 따라 수명이 다양한데, 톱사슴벌레처럼 3~5개월인 종류가 있는가 하면, 넓적사슴벌레는 약 2년, 애사슴벌레와 홍다리사슴벌레는 1~2년, 왕사슴벌레는 3년 이상 살아요. 왕사슴벌레는 크기가 70mm 이상 되는 대형의 경우 4년 이상 살아가기도 하니 수명이 참 길죠?

사슴벌레는 알을 받을 때 산란을 위한 나무, 즉 산란목이 필요해요.

:: 대중적인 장수풍뎅이

■ 산란목을 이용한 산란셋팅 방법

산란셋팅에는 사육통과 톱밥, 놀이목, 먹이구에 산란목이 필요해요. 산란목은 잘 썩은 참나무이며, 역시 전문매장에서 구매 가능하고 약간 무른 것이 좋습니다. 산란목은 물에 6시간 정도 담가 수분을 보충한 후 꺼내 그늘에서 약 1시간 이상 말려 적당한 수분을 유지하는 것이 좋답니다.

∷ 산란셋팅 준비물

∷ 톱밥을 단단하게 다져둔다

일자 드라이버를 이용해 산란목 껍질을 벗긴 후 톱밥을 약 3cm 정도 다져둔 사육통에 두고, 산란목이 거의 안 보일 정도로 톱밥을 단단하게 채워둡니다. 그런 다음 젤리와 먹이구, 놀이목, 나무껍질 등을 두고 그늘에서 사육하면 완성입니다. 장수풍뎅이는 산란목이 필요 없어요. 알을 낳도록 바닥에서 3~4cm 정도는 단단하게 다져야 하고, 그다음 사육통의 절반 이상 톱밥을 채우는 것이 좋아요.

∷ 산란목을 둔다

∷ 산란셋팅 완성

암컷은 날카로운 이빨로
구멍을 내고 산란을 합니다.

::산란중인 왕사슴벌레 암컷 (제공:김성민)

그리고 2~3일마다 먹이를 갈아주는 것 외에는 산란에 집중하도록 가만히 두는 것이 좋고, 장수풍뎅이는 약 2달 후 해체해서 알과 애벌레를 채취하고, 사슴벌레는 약 2~3개월 후 해체해서 애벌레를 채취해야 합니다.

■ **산란셋팅을 해체하여 애벌레 채취하기**

산란셋팅을 해체하려면 산란셋팅한 사육통과 바닥에 깔아줄 신문지나 빈 통, 그리고 채취한 애벌레를 담을 유충병이 필요합니다. 산란목을 잘 부수기 위한 일자 드라이버도 필요합니다. 해체할 시기가 되면 사진에서처럼 사육통 안이 많이 어질러져 있을 겁니다. 그러면 애벌레를 채취할 시기가 된 것이랍니다.

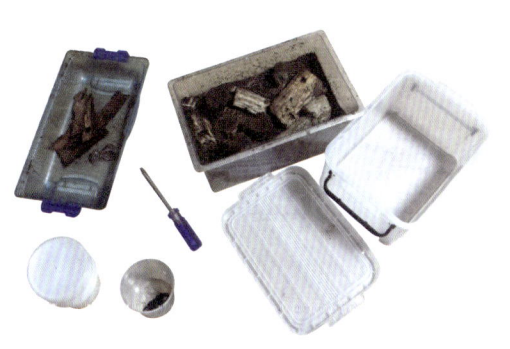

::산란셋팅 해체 준비

::산란셋팅 약 80일 후 모습

사육통을 깔아둔 신문지에 뒤집어 엎어두면 톱밥이랑 산란목 등이 쏟아져 나오는데, 성충이 발견되면 즉시 다른 통에 분리하고, 애벌레를 찾아야 해요. 톱밥에서 애벌레가 나올 때가 많으니 톱밥도 잘 살펴봐야겠죠? 산란목은 일자 드라이버를 이용해 채집하듯이 조심스럽게 결을 따라 부숩니다. 유충병을 미리 준비해 둔다면 발견되는 애벌레를 담아둘 수 있겠지요? 장수풍뎅이의 경우는 톱밥을 잘 뒤져보면 돼요. 수명이 긴 사슴벌레는 종류와 시기에 따라 1~2번 더 산란 셋팅을 꾸며줄 수 있답니다.

:: 성충을 분리시킨다

:: 산란목 분해

■ 사슴벌레 애벌레 키우기

사슴벌레 애벌레는 발효톱밥과 균사로 키울 수 있어요. '**균사**'는 버섯균사가 핀 참나무 고목에서 자란 사슴벌레가 크게 자라는 것을 보고 개발된 인공사료입니다. 보통 살균된 톱밥에 느타리버섯의 종균을 접종해서 배양하는데, 요즘은 일본 제품인 '**오오히라균사**' 등 훌륭한 균사가 많아져 사슴벌레를 더욱 크게 키울 수 있게 되었어요. 물론, 발효톱밥의 품질도 점점 더 좋아져 어떨 때는 균사보다 더 크게 키워내기도 한답니다.

균사 사육의 이점은 많은데, 가장 큰 특징은 균사를 갈아줄 시기를 쉽게 알 수 있다는 것이지요. 사진에서처럼 하얀 균사가 많이 없어지고, 갈색의 톱밥 부분이

:: 채취한 애벌레

:: 애벌레 사육 모습

많아지면 교체 시기가 됩니다. 균사를 교체할 때에는 새로운 균사병을 준비해야 교체가 빨라지고, 균사 전용 스푼으로 애벌레의 머리가 들어갈 만한 구멍을 내 애벌레를 투입하면 자신의 균사병 안으로 파고 들어가게 됩니다.

발효톱밥으로 사육할 경우 우화할 때까지 2달에 한 번꼴로 먹이 교체를 하는데, 균사병은 애벌레의 성장 속도나 크기에 따라 1~2달에 한 번 갈아주게 되요.

전문가의 도움을 받으면 쉽게 먹이를 교체할 수 있습니다.

균사병을 교체하거나, 새로운 발효톱밥으로 먹이를 갈아주게 되면 해당 곤충과 사육 날짜 등을 기록한 라벨을 작성하여 사육병에 붙여둡니다. 그러면 언제 먹이를 갈아줄 수 있는지, 언제 성충으로 우화할지 예측할 수 있게 되지요. 이 라벨지는 가능한 작게 하는 것이 좋고, 유충병의 뚜껑이나 옆면에 붙여두어 정리

:: 균사를 먹는 애벌레

:: 많이 자란 애벌레

∷ 새로운 균사를 먹는 애벌레

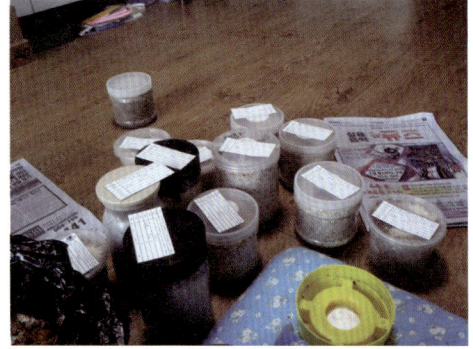
∷ 교체 날짜를 작성한 라벨

하면 깔끔해 보기에도 좋고, 애벌레의 성장 과정을 더욱 자세히 관찰할 수 있답니다.

넓적사슴벌레나 왕사슴벌레의 경우 종령으로 성장하게 되면 가로로 번데기방을 짓는데, 1리터 이상의 넓은 유충병이 필요하답니다. 요즘은 '보틀'이라고 해서 대형 사슴벌레도 무리없이 우화할 수 있어요. 보통 번데기방은 유충병의 바닥이나 옆면에 짓는데, 위 사진에서처럼 병 한가운데에 만드는 경우도 있어요. 우화할 때가 되었는데, 번데기방이 보이지 않는다면 일자 드라이버나 균사 전용 스푼을 사용해서 조심스럽게 균사를 파 보는 것이 좋습니다. 잘 키워낸다면 유충병이나 균사병 안에서 정말 멋진 사슴벌레를 볼 수 있을 거예요.

∷ 균사병에서 사육하는 모습

∷ 균사병에서 우화한 왕사슴벌레

■ 장수풍뎅이 애벌레 키우기

장수풍뎅이 애벌레의 사육법 역시 사슴벌레 애벌레와 크게 다르지 않지만, 먹이는 발효톱밥만을 사용합니다. 부엽토를 섞어주거나, 부엽토만으로 사육할 수 있으나 이럴 때에는 화학성분이 들어가지 않은 순수한 부엽토가 좋아요. 장수풍뎅이 애벌레는 먹성이 좋아 3령으로 성장하게 되면 한 달이 되기 전에 톱밥을 교환해야 할 정도로 엄청난 먹성을 자랑합니다. 유충병도 클수록 좋고, 어느 정도 높이가 있어야 합니다.

장수풍뎅이 애벌레

발효톱밥을 교체하는 모습

1리터 이상의 큰 유충병에 톱밥을 가득 채워도 한 달~한 달 반 만에 금방 먹어 치우고 배설물이 많아져요. 장수풍뎅이를 전문적으로 사육하는 곤충농장에서는 사진에서처럼 약 40리터 이상의 리빙박스를 사용해서 사육을 해요. 톱밥도 많이 들어갈 뿐 아니라 40~50여 마리의 장수풍뎅이 애벌레를 사육할 수 있을 정도로 편리하기 때문이에요. 리빙박스는 뚜껑이나 옆면에 숨구멍만 뚫어주면 여러 개를 쌓아 대량으로 사육할 수 있어, 곤충농장이나 곤충샵에서 많이 애용합니다. 관리가 쉬운 장수풍뎅이 애벌레 덕분에 우리나라의 곤충농장이 많아지고, 이제는 손쉽게 장수풍뎅이나 사슴벌레 애벌레를 분양받을 수 있습니다.

∷ 유충병에 투입된 모습

∷ 리빙박스에서 사육하는 모습

장수풍뎅이의 번데기방은 달걀 모양입니다. 달걀을 세운 듯한 모양이지요. 번데기방을 세로로 만드는 사슴벌레와는 아주 다르지요? 여러 마리가 사육될 때에는 장수풍뎅이 애벌레도 가끔 번데기방을 가로로 만들기도 합니다. 종종 번데기방을 작게 만들어 장수풍뎅이 수컷의 뿔이 작게 나오기도 하니 참 재미있지 않나요?

가능하다면 장수풍뎅이의 번데기는 우화할 때까지 가만히 두는 것이 좋지만, 여러 가지 상황으로 인해 번데기방이 부서지는 경우가 있습니다. 그러면 무사히 우화할 때까지 인공적으로 번데기방을 만들어주는 것이 좋아요. 가장 간편한 방법은 테이크아웃용 커피 컵에 수분을 적신 휴지를 깔아주고, 장수풍뎅이 번데기를 조심히 두는 것입니다.

∷ 세로로 만든 장수풍뎅이 번데기방

∷ 가로로 만든 사슴벌레 번데기방

∷ 장수풍뎅이 번데기

∷ 우화한 장수풍뎅이

우화할 때까지는 가만히 두어야 하고, 우화하고 나면 몸이 완전히 마를 때까지 약 보름 동안은 가만히 두어야 합니다. 그 이후에는 활동을 시작하고, 먹이도 먹을 수 있게 되므로, 성충 사육장을 만들어 주면 성충을 사육할 수 있는 즐거움을 다시 맛볼 수 있게 될 거예요.

장수풍뎅이와 사슴벌레의 생활환(Life Cycle)

알(15~30일) - 1령 애벌레(약 15일) - 2령 애벌레(약 20일) - 3령 애벌레(약 8~12개월, 일부 사슴벌레는 더 길기도 함) - 용화(번데기 전 단계, 약 1개월) - 번데기(15~30일) - 우화(번데기~우화까지, 20~30일)

■ 주요 장수풍뎅이와 사슴벌레의 수명

장수풍뎅이 : 3개월, 외뿔장수풍뎅이 : 1~3개월

애사슴벌레 : 1년, 다우리아사슴벌레 : 1개월, 원표보라사슴벌레 : 1개월

홍다리사슴벌레 : 1~2년, 참넓적사슴벌레 : 1~2년, 꼬마넓적사슴벌레 : 1~2년

털보왕사슴벌레 : 1~2년, 톱사슴벌레 : 3~5개월, 사슴벌레 : 3개월

왕사슴벌레 : 3~4년, 넓적사슴벌레 : 2년

우화시기의 관리법

:: 우화한 지 얼마 안된 모습

:: 거의 마른 꼬마넓적사슴벌레

곤충들이 우화한 지 얼마 안 되면 몸이 붉은색이 됩니다. 속날개가 겉날개 안으로 무사히 수납되었다고 해서 손으로 만지면, 날개가 망가져 버려요. 몸이 완전히 까맣고, 어둡게 되어 돌아다닐 정도가 될 때까지 가만히 두는 것이 좋아요.

:: 우화 후 번데기방에서 몸을 말리는 장수풍뎅이

4장 · 장수풍뎅이와 사슴벌레 표본 만들기

키우던 곤충이 수명이 다하거나 병에 걸려 죽는다면 슬픈 일이지만, 땅에 묻어주기도 하고, 항상 옆에 두고 싶어 표본으로 만들어 보관하기도 해요. 동물이나 새도 죽으면 박제를 만들기도 하는데, 내부에 솜이나 특수한 물질을 넣어서 썩지 않게 보관하죠. 곤충도 표본을 만들 수 있는데, 방법을 알면 누구나 쉽게 만들 수 있답니다.

표본을 만드는 이유

왜 표본을 만들까요? 표본은 곤충을 연구하는 부분에 큰 비중을 차지해요. 오랜 옛날부터 곤충 연구가들이 곤충을 표본으로 만들어 보관한 덕분에, 많은 곤충의 이름과 학명, 그리고 서식지, 먹이 등이 밝혀졌어요.

:: 죽은 넓적사슴벌레

:: 톱사슴벌레 암컷 사체

한 곤충 연구가는 '곤충 표본을 통해 채집된 지역의 환경을 포함해 많은 정보를 얻을 수 있다'고 말했어요. 맞는 이야기예요. 예를 들어, 장수풍뎅이의 표본에 채집날짜와 함께 '제주도 서귀포시'라고 기록해 두면, 우리는 그 표본을 통해 제주도 서귀포시에 장수풍뎅이가 살고 있다는 것을 알 수 있게 되는 것이지요.

곤충을 키워보지 않았지만, 곤충 표본을 하고 싶다면 곤충전문점을 통해 건조한 곤충을 구입할 수 있어요. 구입 후 멋진 표본을 만들면 정말 뿌듯하겠지요?

:: 사육하다 죽은 사슴벌레

:: 곤충전문점에서 판매하는 표본

표본은 어떻게 만들까?

표본은 어떻게 만들까요? 우선 죽은 곤충과 표본핀, 진주핀, 전족판 등이 필요합니다. 전족판은 표본을 만들 때 필요한 넓적한 판이고, 진주핀은 끝에 진주가 달린 핀인데 곤충의 다리를 가지런히 정리할 때 쓰입니다. 표본 도구들 역시 곤충 전문점에서 살 수 있고, 표본하는 법도 배울 수 있어요. 요즘은 물고기를 키우는 어항이나 집안의 재활용품 등을 이용하여 표본을 만들기도 합니다.

∷ 다양한 표본 도구들

∷ 죽은 곤충들

step 1

먼저, 안 쓰는 그릇에 뜨거운 물을 담고, 건조된 곤충을 물 위에 올려두어 물기를 흡수하도록 해요. 그런 다음 뚜껑을 닫아 열기를 차단하고 약 30분 정도 기다리면, 물을 흡수해 몸이 연해진 상태가 됩니다. 뜨거운 물을 사용해야 하므로 어른과 같이하도록 하고, 화상을 입지 않도록 주의해야 한답니다.
물은 곤충이 충분히 잠길 정도로 부어주면 돼요.

뜨거운 물에 담근다

열기를 차단

step 2

휴지나 티슈를 준비하여 여러 장 겹쳐 둡니다. 핀셋을 이용하여 곤충을 꺼내 휴지 위에 올려두어 물기를 빠지게 해야 해요. 물기 있는 채로 표본을 하면 표본하면서 곤충의 몸에 있던 뜨거운 물이 나와 화상을 입을 수 있고, 건조 과정에서 제대로 몸이 마르지 않거나 곰팡이가 피어 표본을 망칠 수 있게 되거든요.

곤충을 꺼낸다

휴지나 티슈에 올려둔다

step 3

약 10분 이상 물기를 제거하면 표본하기에 딱 알맞은 상태가 돼요. 죽은 지 얼마 안 된 곤충은 바로 표본으로 만들 수 있답니다. 표본에 물기가 완전히 빠졌는지 확인하고 싶으면 휴지 위에 올려 둔 표본을 손으로 살짝 눌러보면 됩니다.
물기가 남아있으면 물이 나오고, 물기가 제거됐으면 더 이상 물기가 나오지 않아요. 물론, 장수풍뎅이나 넓적사슴벌레처럼 크기가 큰 곤충들은 물기를 제거하는 시간이 더 걸릴 수 있어요. 간혹 몸 안에 있던 불순물도 같이 나와 안 좋은 냄새가 날 수도 있으니, 충분히 물을 빼야 하는 이유를 알겠지요?

❖ 물기를 완전히 제거한다

❖ 물기를 제거한 모습

step 4

전족판과 곤충표본용 핀을 준비합니다. 전족판 대신 우드락이나 스티로폼을 사용해도 되요. 곤충표본용 핀은 여러 사이즈가 있으며, 장수풍뎅이나 사슴벌레는 4호 핀이 좋아요. 먼저 오른쪽 날개 윗부분에 핀을 꽂습니다.

❖ 곤충표본용 전용 핀

❖ 오른쪽 날개 윗부분에 핀을 꽂는다

step 5

핀을 깊숙이 눌러 전족판에 고정시킵니다. 그리고 진주핀이나 다른 핀을 사용하여 전족하는데, '전족'은 곤충 다리를 보기 좋게 정리하고, 고정하는 것을 말해요. 전족에는 특별한 순서는 없으나, 여기에는 더듬이부터 하는 방법을 소개할게요. 더듬이 → 앞다리 → 가운뎃다리 → 뒷다리 순으로 전족하는 방법입니다. 표본 할 때는 고정해도 몸이 돌아가는 경우가 생겨요. 그럴 때는 핀 2개를 몸통 뒷부분 양쪽 옆에 꽂아 몸을 확실히 고정하세요. 핀을 사용하는 것이기 때문에 찔리지 않도록 각별히 주의해야겠죠?

❖ 핀을 깊숙이 눌러 고정한다

❖ 더듬이부터 정리한다

step 6

사진에서 보듯이 핀을 X자 모양으로 교차시켜서 꽂는다고 생각하면 됩니다. 그런 다음 앞다리부터 전족하는데, 좌우 대칭이 맞는지 잘 살펴봐야 합니다. 발톱도 정리해야 하는데, 사진처럼 발톱 사이에 핀을 꽂아 고정하면 보기에도 아주 멋진 상태가 된답니다.

❖ X자 모양으로 고정시킨다

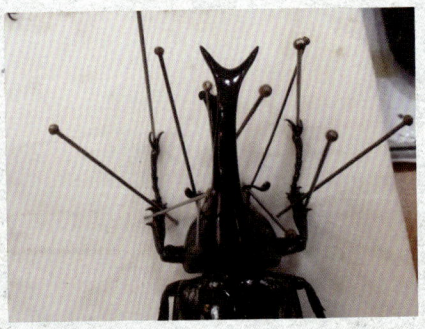
❖ 앞다리부터 고정시킨다

step 7

그런 다음 가운뎃다리와 뒷다리도 진행을 하는데, 발톱 정리는 아주 중요합니다. 개체에 따라 표본하다 보면, 발톱이 사진처럼 위로 뜨는 경우가 생깁니다. 발톱이 위로 뜬 채로 표본하면 부자연스럽고 보기에도 좋지 않아요. 역시 핀을 X자로 교차시켜서 발톱을 아래로 눌러줍니다. 표본하다 보면 발톱이나 다리가 부러지기도 합니다. 이때는 목공풀을 이용해서 붙이면 되는데, 전문가의 도움을 받아서 하면 돼요. 정리가 말끔하게 되어 액자에 들어가 내 방에 걸어둔 다면 정말 좋겠지요? 그러자면 곤충을 표본할 때 전족은 필수랍니다.

:: 다리와 발톱을 고정한다

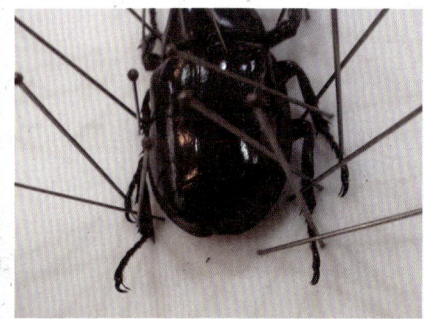
:: 발톱정리에 신경쓴다

step 8

전족핀을 다 꽂은 후에 전체적으로 살펴보아 좌우 대칭이 맞는지 확인합니다. 그리고 그늘에서 약 40일 이상 건조시켜요. 곤충 크기에 따라 건조 시간은 조금씩 달라집니다. 파리나 벌레가 꼬이지 않도록 나프탈렌이나 방충제를 두면, 다른 곤충이 건조 중인 장수풍뎅이나 사슴벌레를 갉아먹을 수 없게 돼요.

:: 전족이 끝난 기데온장수풍뎅이

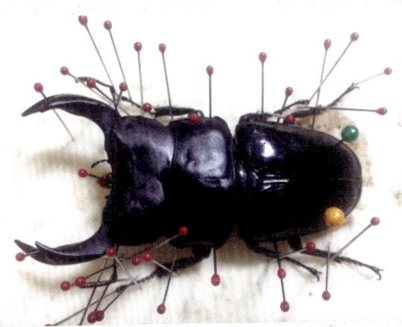
:: 전족이 끝난 왕사슴벌레

step 9

건조 기간이 끝나면 전족핀을 모두 제거해 줍니다. 이때 몸에 꽂은 곤충핀을 집으면서 조심스럽게 전족판에서 뽑아, 표본 상자나 액자에 잘 꽂아둡니다. 그리고 곤충이름, 채집날짜, 채집장소, 채집자 이름을 기록한 라벨을 만들어 표본 상자에 같이 둔다면 그 곤충에 대한 추억이 새록새록 떠오르게 될 거예요.

❖ 핀을 제거한 넓적사슴벌레

❖ 표본 상자에 정리한 모습

표본 상자는 직사광선을 피하고, 그늘진 곳에 보관해야 합니다. 표본 자에 방충제를 같이 넣어두면 곤충 표본을 갉아먹는 표본벌레를 퇴치하는 데 도움이 됩니다.

나만의 표본 상자를 만들어서 내 방에 걸어두는 것! 어때요? 해볼 만하지 않나요?

표본을 할 때에 헤라클레스장수풍뎅이처럼 외국의 대형 곤충은 가장 굵은 곤충핀_{5호핀}을 사용하는 것이 표본을 하기에 안전하고 좋아요.

❖ 헤라클레스장수풍뎅이를 전족하는 모습

그 외 나비와 나방의 표본을 만들 때도 나비의 날개를 손으로 잡지 않아야 합니다. 날개를 손으로 잡으면 날개의 가루가 떨어져 고유의 색을 잃어버리게 됩니다. 날개 등은 반드시 핀으로 잡아야 합니다.

∷ 다양한 녹색부전나비 표본을 전시한 모습

전족이 중요한 이유

▶ 전족중인 황금귀신사슴벌레

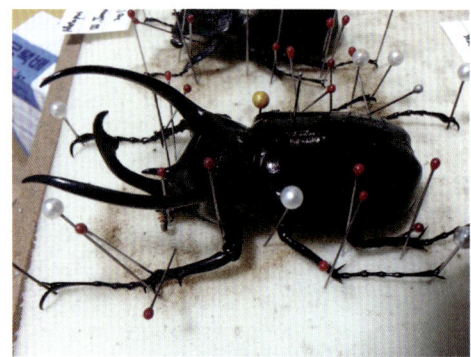
▶ 전족중인 아틀라스장수풍뎅이

전족은 죽은 곤충을 표본으로 만들어 액자에 넣기 위해 몸의 균형을 잡아주는 것을 말해요. 오른쪽 윗날개에 중심핀을 박아주면, 전족하기 편하며, 다리와 더듬이를 펴 핀으로 고정할 때 오른쪽과 왼쪽의 좌우 대칭을 하는 것이 중요하답니다.

▶ 전족중인 알세스멋쟁이사슴벌레

5장 · 우리 땅에 사는 장수풍뎅이 & 사슴벌레 도감

우리나라에서 사는 장수풍뎅이와 사슴벌레 종류를 소개합니다. 만나기 힘든 둥글장수풍뎅이, 멸종위기종 두점박이사슴벌레, 우리나라 사슴벌레 중 육식성 사슴벌레와 참나무를 좋아하는 사슴벌레 중 유일하게 소나무를 좋아하는 꼬마넓적사슴벌레도 소개합니다. 이 책을 읽는 여러분도 나중에 직접 탐사해보는 것도 좋을 거예요.

장수풍뎅이 애완곤충 열풍의 선두주자

학명 : *Trypoxylus dichotomus* (Linnaeus, 1771)
서식하는 곳 : 전국의 산림
사육난이도 : 쉬움   **크기** : 수컷 27~86mm, 암컷 35~56mm
성충의 먹이 : 참나무 수액   **애벌레의 먹이** : 썩은 활엽수, 부엽토
생태 기간 : 알(약 15일)-애벌레(8~10개월)-번데기(약 15일)-성충(약 3개월)

:: 장수풍뎅이 암수 1쌍

장수풍뎅이는 우리나라에 서식하는 풍뎅이 종류 중에서 가장 몸집이 크고 잘 알려진 곤충입니다. 수컷은 머리에 긴 뿔이 나 있고, 암컷은 뿔이 없습니다. 주로 숲속의 참나무에서 살며, 오래된 나무의 수액을 먹고 삽니다. 한 때는 보호종으로 보호받을 만큼 숫자가 많지 않았으나, 이후 개체 수가 늘어나 해제되

:: 관리가 쉬운 장수풍뎅이 애벌레

었는데 특히 표고버섯 재배를 많이 하는 중, 남부 지방을 중심으로 많아졌습니다. 지금은 지구 온난화의 영향 때문인지 서울이나 강원도에서도 장수풍뎅이를 만날 수 있습니다.

장수풍뎅이는 **우리나라의 애완곤충의 열풍을 주도**하며, 곤충산업에 유익한 존재입니다. 힘이 강하지만, 온순하고 사육이 쉬워 인기가 많습니다. 특히, MBC 다큐멘터리《곤충, 위대한 본능》을 통해 장수풍뎅이의 강력한 힘을 다시 한번 느낄 수 있었지요. 장수말벌도 쫓아낼 정도로 강력한 힘을 가지고 있지만, 암컷을 위해서 모든 것을 바치는 순정파 곤충이랍니다.

배설물은 화분의 비료로 사용하는 등 쓰임도 많습니다. 처음 곤충을 사육하고 싶은 친구들에게 장수풍뎅이를 추천합니다.

:: 다양한 크기의 장수풍뎅이들

외뿔장수풍뎅이 강한 힘을 가진 육식성 장수풍뎅이

학명 : *Eophileurus chinensis* (Faldermann, 1835)
서식하는 곳 : 전국의 산림
사육난이도 : 중간   **크기** : 18~24mm
성충의 먹이 : 약하거나 죽은 곤충   **애벌레의 먹이** : 썩은 활엽수, 부엽토
생태 기간 : 알(약 15일)-애벌레(약 2~3개월)-번데기(약 15일)-성충(약 2~3개월)

외뿔장수풍뎅이는 2cm 내외의 작은 장수풍뎅이입니다. 머리에는 작은 뿔이 있고, 가슴에는 움푹 팬 모양이 있어요. 넓게 패이면 수컷, 좁게 패이면 암컷이 에요. 유충은 썩은 낙엽이나 두엄 속에서 자라고, 성충은 주로 밤나무 등 참나 무류 수액에 모여드는 야행성입니다. 힘은 매우 강한 편이어서 손으로 쥐어보

면, 발로 밀어내어 빠져나가려고 하는데, 생각보다 강한 힘을 느낄 수 있어요. 외뿔장수풍뎅이는 전국 각지에서 관찰할 수 있지만, 깊은 산을 찾아야 합니다. 장수풍뎅이와 사슴벌레가 수액을 먹으러 참나무를 찾을 때 종종 외뿔장수풍뎅이가 발견되기도 하고, 죽은 곤충을 먹는 모습이 관찰되기도 합니다.

∷ 외뿔장수풍뎅이의 옆모습

옆에서 보면 외뿔장수풍뎅이는 약간 납작한 모양이에요. 앞다리는 땅을 파기에 좋습니다. 그리고 **외뿔장수풍뎅이는 장수풍뎅이 종류 중 유일하게 육식성 곤충**이에요. 애벌레는 다른 장수풍뎅이 애벌레와 같이 발효톱밥과 부엽토를 먹지만, 성충은 참나무류 수액과 죽은 곤충을 먹습니다.

알에서 성충까지의 생활사가 겨우 2개월밖에 되지 않아 번식이 매우 빠른 편이에요. 외뿔장수풍뎅이는 날카로운 이빨도 있어 약한 곤충들을 공격하기도 해요. 실제로 장수풍뎅이와 외뿔장수풍뎅이를 같이 두면 외뿔장수풍뎅이가 장수풍뎅이의 몸에 구멍을 내고 잡아먹을 정도로 난폭한 성질을 갖고 있답니다.

외뿔장수풍뎅이를 사육하려면 먹이의 구성이 다양해집니다. 곤충용 젤리와 오래된 과일, 귀뚜라미와 타란툴라의 먹이로도 많이 사용되는 '거저리(*Neatus picipes*)'의 애벌레인 '밀웜'이 있어야 성충이 튼튼해집니다.

작지만 강한 힘을 가진 외뿔장수풍뎅이, 한번 만나보고 싶지 않나요?

둥글장수풍뎅이 생태의 비밀을 간직한 장수풍뎅이

학명 : *Pentodon quadridens* (Gebler, 1845)

서식하는 곳 : 서해안 일대

사육난이도 : 알려진 것 없음   **크기** : 20mm 내외

성충의 먹이 : 알려진 것 없음   **애벌레의 먹이** : 알려진 것 없음

생태 기간 : 알려진 것 없음

둥글장수풍뎅이는 최근에 발견되기 시작한 종류로, 국내에서 만나 본 사람들이 매우 적어요. 우리나라에서 가장 작고, 희귀한 장수풍뎅이 종류로 알려져 있으며, 오래전 서해안(영종도 주변)에서 발견된 이후로 좀처럼 목격되지 않았다가 지난 2013년 7월 15일, 곤충 마니아들에 의해 정말 오랜만에 살아있는 개체가 발견되었습니다. 그러나 아직 생태나 생활사 등이 시원하게 밝혀진 것이

없는 신비한 곤충이죠.

다만, 서해안에서 늦은 여름에, 불빛으로 날아온 다는 정보만 밝혀졌어요. 그래서 좀 더 연구가 필요한 곤충이에요. 미국에서도 둥글장수풍뎅 이가 서식하지만, 미국에서는 흔하게 발견되는 종류라고 합니다. 보면 볼수록 생태를 한번 밝혀 보고 싶은 신기한 친구예요.

∷ 서해안에서 발견한 둥글장수풍뎅이

둥글장수풍뎅이는 얼핏 보면 작은 풍뎅이와 비 슷하게 생겼어요. 크기가 워낙 작아, 발견된다 하더라도 장수풍뎅이라기보다는 그냥 일반적인 풍뎅이와 검정풍뎅이의 한 종류라 생각할 수 있을 거예요.

이 둥글장수풍뎅이는 마치 수수께끼 곤충 같아요. 이 곤충에 대한 수수께끼가 하루빨리 풀리면 좋겠어요. 그리고 둥글장수풍뎅이가 많아져서 장수풍뎅이 나 외뿔장수풍뎅이처럼 야외에서 만나고 싶지 않나요? 친구가 되면 좋겠어요.

그래서 하루빨리 산에서 같이 놀 수 있는 날이 오면 좋겠어요.

∷ 성인 남자의 손톱보다 작은 둥글장수풍뎅이 (제공:김준석)

원표보라사슴벌레 작은 보석 같은 사슴벌레

학명 : *Platycerus hongwonpyoi* (Imura et Choe, 1989)
서식하는 곳 : 전국 각지의 높은 산, 계곡 주변의 활엽수림
사육난이도 : 높음   **크기** : 8~14mm
성충의 먹이 : 참나무 새순의 수액   **애벌레의 먹이** : 까맣게 썩은 활엽수
생태 기간 : 알(약 20일)-애벌레(약 10개월)-번데기(15일 정도)-성충(약 1개월)

:: 원표보라사슴벌레 1쌍

원표보라사슴벌레는 1cm 내외의 아주 작은 사슴벌레로, 높은 산의 계곡 주변에서 살아갑니다. 5월이 되면 참나무 새순에 모여드는 경우가 많지요. 원표보라사슴벌레는 '홍원표'라는 사람의 이름을 붙인 곤충으로, 1989년 일본 곤충인 유키 이무라와 충남대의 최광렬 교수에 의해 발표되었답니다. 이무라가 1988

:: 원표보라사슴벌레의 애벌레

년, 지리산에서 딱정벌레를 잡기 위해 땅에 묻은 컵에서 발견한 것이 원표보라사슴벌레의 첫 발견이었다고 합니다. 같은 시기에 '머클애보라사슴벌레(금강산 개체)'도 발표되었어요.

원표보라사슴벌레의 **수컷은 광택이 나는 푸른색이지만, 암컷은 어두운 금갈색으로 색이 서로 다르며,** 마치 작은 보석 같은 느낌이 들기도 합니다. 성충의 수명은 약 한 달 내외로 활동기간이 짧은 편이고, 봄을 제외하고는 애벌레로 만날 수 있어요. 높은 산의 계곡 주변에 파묻혀 까맣게 썩은, 아주 가느다란 나뭇가지에서 발견이 되고, 특히 산란 흔적이 (·) 이런 모양이어서 찾기가 어렵지 않습니다.

수컷은 암컷에 비해 더듬이가 잘 발달해 있어요. 그래서 상처를 입은 참나무의 어린싹이 어디 있는지 쉽게 찾아낼 수 있어요. 비행 실력도 좋아, 참나무의 새싹 주변에서 종종 날아다니는 모습이 관찰됩니다.

더듬이가 발달해 있다

:: 원표보라사슴벌레 수컷

5장 우리 땅에 사는 장수풍뎅이 & 사슴벌레 도감

길쭉꼬마사슴벌레 제주도에 사는 포식자

- **학명** : *Figulus punchtatus* (Waterhous, 1873)
- **서식하는 곳** : 제주도의 활엽수림
- **사육난이도** : 중간
- **크기** : 8~12mm
- **성충의 먹이** : 죽은 곤충
- **애벌레의 먹이** : 썩은 활엽수
- **생태 기간** : 알(약 20일)-애벌레(약 8개월)-번데기(15일 정도)-성충(약 1년)

∷ 길쭉꼬마사슴벌레(만천곤충박물관)

길쭉꼬마사슴벌레는 제주도에서 서식하는 1cm 내외의 소형 사슴벌레로, 몸의 형태 때문에 '길쭉꼬마사슴벌레'라는 이름이 붙여졌습니다. 제주도에 살아서인지 '**제주꼬마사슴벌레**'란 애칭으로 불리기도 하는데, 성충은 특이하게도 잡식성이에요. 참나무류 수액을 가끔 먹고, 죽은 곤충이나 약한 다른 곤충의 애벌레

∷ 크기가 작아도 육식을 하는
길쭉꼬마사슴벌레(만천곤충박물관)

등을 잡아먹는 포식자랍니다.

제주도에서는 비교적 흔한 사슴벌레로 썩은 팽나무들을 부수어 채집하다 보면 애사슴벌레와 함께 가장 많이 채집되는 사슴벌레랍니다. 성충이 워낙 작다 보니, 알이나 애벌레는 더욱 작겠지요? 그러나 크기가 작아서인지 여러 마리가 같이 채집되는 경우가 많아요.

길쭉꼬마사슴벌레가 속한 'Figulus sp.' 그룹에는 '꼬마사슴벌레'가 있어요. 아주 오래 전에 서울에서 발견된 이후로 아직 발견된 적이 없습니다. 현재 외국의 한 박물관에 전시되어 있는데, 너무 귀한 종류라서 사진조차 구하기가 어렵답니다. 서울에서 발견된 작은 사슴벌레라니 신기하지 않나요? 'Figulus sp.'의 속명 때문에 '**피귤루스**'라고 불리기도 하는데, 이 피귤루스 종류는 제주도나 남부지방의 일부 섬에서만 발견되고 있거든요. 다시 발견된다면 참 좋겠지요?

그런데 이 육식성 사슴벌레는 의외로 사육이 어렵지 않습니다. 크기가 워낙 작다 보니, 여러 마리를 같이 사육할 수 있고, 젤리와 함께 밀웜이나 귀뚜라미, 혹은 죽은 곤충을 주면 되거든요. 그래서 장수풍뎅이 애벌레를 사육하는 사람들 중에서는 키우다가 죽은 애벌레를 길쭉꼬마사슴벌레에게 단백질 먹이로 주기도 합니다. 물론, 앞으로 소개할 다른 친구들(꼬마사슴벌레 종류)에게도 해당하는 이야기지요. 혹여 제주도를 방문하게 되면 썩은 팽나무 조각을 부숴보세요. 썩은 팽나무는 연해서 잘 부서지고, 길쭉꼬마사슴벌레의 애벌레와 성충을 만날 수 있을 거예요.

큰꼬마사슴벌레 남부지방의 섬에서 사는 사슴벌레

학명 : *Figulus binodulus* (Waterhouse, 1873)
서식하는 곳 : 전남 홍도, 거거도, 신안군 일대, 서해안의 섬
사육난이도 : 중간   **크기** : 12~18mm
성충의 먹이 : 죽은 곤충   **애벌레의 먹이** : 썩은 활엽수
생태 기간 : 알(약 20일)-애벌레(약 8개월)-번데기(15일 정도)-성충(약 1년)

큰꼬마사슴벌레는 꼬마사슴벌레 그룹인 '*Figulus* sp.' 안에서도 가장 큽니다. 12~18mm 정도이니 10mm 내외의 길쭉꼬마사슴벌레보다 더 크고 몸의 광택도 더 강합니다. 체격이나 큰 턱의 모양도 멋지고, 뭐든 박살 낼 것 같은 느낌이 들지 않나요?

큰꼬마사슴벌레는 제주도를 제외한 **남부지방의 섬**에서 살고 있어요.

전라남도 신안군의 여러 섬과 가거도 등의 섬으로 가야만 만날 수 있습니다. 최근에는 서울의 유명 곤충박물관에서 인공 번식에 성공해, 섬으로 가지 않아도 큰꼬마사슴벌레를 만날 수 있습니다. 물론, 크기가 작기 때문에 큰 사육통은 필요하지 않습니다. 작은 산란목을 넣어주면 안식처 겸 산란장소로 아주 좋답니다.

크기가 작은 사슴벌레들은 암수 구별이 쉽지 않습니다. 원표보라사슴벌레처럼 수컷과 암컷의 색이 다르면 구별이 쉽겠지만, 이 친구들은 암컷이나 수컷이나 똑같은 색상이라 구별이 어려워요. 크기 차이로 구별할 수 있으나, 수컷 중에서는 작은 크기가 종종 발견되기 때문에 더 헷갈릴 수 있답니다. 그러다 보니 여러 마리를 사육해야 산란 받을 가능성이 더 크지요. 주로 겨울에 성충만 관찰되는 것으로 봐서 봄부터 활동하여 알을 낳고, 알에서 깬 애벌레들이 가을에 성충이 되어 겨울잠을 자는 것으로 추측하고 있어요.

∷ 사육중인 큰꼬마사슴벌레

뿔꼬마사슴벌레 체구가 작은 육식성 사슴벌레

학명 : *Nigidius miwai* (Nagel, 1941)
서식하는 곳 : 제주도의 활엽수림
사육난이도 : 중간   **크기** : 8~12mm
성충의 먹이 : 참나무 수액   **애벌레의 먹이** : 썩은 활엽수
생태 기간 : 알(약 20일)-애벌레(약 8개월)-번데기(15일 정도)-성충(약 1년)

큰 턱에 작은 뿔 모양의
돌기가 보인다

:: 뿔꼬마사슴벌레

뿔꼬마사슴벌레는 따뜻한 제주도에서 서식하며, 길쭉꼬마사슴벌레와 같이 발견되기도 합니다. 주로 썩은 팽나무 속에서 볼 수 있고 큰 턱 위에 작은 돌기가 뿔처럼 나 있으며, 체구도 작아 뿔꼬마사슴벌레라는 이름이 붙여졌습니다. 뿔꼬마사슴벌레는 체구는 비록 작아도 특이하게 육식을 하는 포식자입니다.

제주도의 썩은 팽나무에서 발견된다

:: 뿔꼬마사슴벌레

주로 썩은 팽나무에서 여러 마리가 발견되곤 하는데, 사슴벌레나 장수풍뎅이의 애벌레, 번데기 등을 공격하기도 하고 애벌레와 같이 발견되는 등 생태가 참 재미있는 종류로 알려져 있어요.

큰 턱에 난 뿔 때문에, '덧니사슴벌레'라고 불리기도 하며, 보통 덧니가 있으면 수컷, 없으면 암컷입니다. 육식성을 지닌 성충은 흡즙(상대를 죽여서 체액을 빨아먹는 행동)을 하며 초여름 팽나무에 산란을 하고 부화한 유충은 팽나무 수액을 먹고 자라면서 가을쯤 성충이 됩니다. 뿔꼬마사슴벌레는 거의 나무 속에서만 활동하며, 군집성이 강해 채집을 하다 보면 여러 마리가 함께 발견되기도 하는 신기한 사슴벌레입니다.

:: 장수풍뎅이 번데기를 잡아먹는 뿔꼬마사슴벌레

꼬마넓적사슴벌레 안락한 코쿤을 만드는 사슴벌레

학명 : *Aegus laevicollis subnitidus* (Waterhous, 1873)
서식하는 곳 : 제주도, 신안군 홍도, 서해안의 섬
사육난이도 : 높음   **크기** : 수컷 12~33mm, 암컷 14~27mm
성충의 먹이 : 참나무 수액   **애벌레의 먹이** : 썩은 활엽수
생태 기간 : 알(약 20일)-애벌레(약 7개월)-번데기(15일 정도)-성충(약 1~3년)

남부지방의 섬에서 서식하는 꼬마넓적사슴벌레는 마치 넓적사슴벌레를 아주 작게 축소시켜 겉 날개에 굵은 줄무늬를 새긴 듯한 모양을 하고 있어요. 그리고 우리나라에 서식하는 사슴벌레들 중 가장 독특한 먹이를 먹고 있습니다. 물론, 성충은 참나무류 수액을 먹지만, 애벌레는 독특하게도 썩은 소나무를 갉아 먹

:: 2007년 여름, 제주도에서 발견한 꼬마넓적사슴벌레

습니다. 그것도 완전히 썩다 못해 진흙이 되다시피 한 상태의 썩은 소나무를 갉아 먹습니다. 그러다 보니 썩은 소나무의 뿌리 부분에서 주로 발견되곤 합니다.

게다가 신기한 습성이 있는데, 그것은 번데기 시기에 경단 모양의 '**코쿤**(Cocoon)'을 만든다는 것이지요. 일반적으로 사슴벌레들은 번데기방을 만들고 그 안에서 번데기 생활을 하며 지내는데, 꼬마넓적사슴벌레는 코쿤을 만들어 그 안에서 번데기 기간을 지낸다는 것이지요. 그래서 애벌레 채집 때 코쿤이 발견되는 경우도 있습니다.

꼬마넓적사슴벌레는 한동안 제주도에서만 주로 발견되었으나, 지금은 경남 거제시를 포함해서 전남 신안군의 섬들, 전남 가거도 등 그 서식지가 점점 더 넓게 밝혀지고 있어요. 아마 남해안의 다른 섬 중에 분명히 꼬마넓적사슴벌레의 서식지가 있을 거예요. 소나무와 활엽수가 적절히 있다면 가능성이 있지 않을까요? 꼬마넓적사슴벌레가 수액을 먹는 장면을 아직 한 번도 본 적이 없는데, 아마도 수액에 거의 묻히다시피 해서 먹거나, 크기가 작아서 발견이 어려웠을지도 모르겠습니다.

:: 꼬마넓적사슴벌레 1쌍

5장 우리 땅에 사는 장수풍뎅이& 사슴벌레 도감

엷은털왕사슴벌레

대만왕사슴벌레로 불렸던 사슴벌레

- **학명** : *Dorcus tenuihirsutus* (Kim et kim, 2010)
- **서식하는 곳** : 강원도, 경상북도 일부
- **사육난이도** : 중간
- **크기** : 13~22mm
- **성충의 먹이** : 참나무 수액
- **애벌레의 먹이** : 썩은 활엽수
- **생태 기간** : 알(약 20일)-애벌레(약 8개월)-번데기(15일 정도)-성충(약 1년)

엷은털왕사슴벌레는 그동안 '대만왕사슴벌레'나 '남방왕사슴벌레'로 불려왔습니다. 크기는 13~22mm 정도로 작고, 겉 날개에 아주 작은 털이 점열형태로 나 있어요. 강원도나 경상도의 일부 지역에서만 발견될 정도로 귀한데, 예전에는 그래도 엷은털왕사슴벌레를 채집하는 사람들이 어느 정도 있었습니다.

그런데 지금은 강원도에서조차 발견이 어려운 희귀한 존재가 되었지요. 국내에서 엷은털왕사슴벌레를 보유한 사람들이 많지 않은 걸 보면 이젠 발견이 많이 어려워진 것 같습니다. 그래도 강원도의 깊은 숲속이나 경상도의 일부 지역에서는 가끔 발견된다는 소식이 들려오는 것을 보면 아직은 건재한 것 같아요.

엷은털왕사슴벌레의 수컷과 암컷의 크기나 형태는 비슷합니다. 큰 턱의 크기만으로도 충분히 구별되며, 사육은 쉽지 않다고 알려져 있어요. 반면 엷은털왕사슴벌레의 동료인 털보왕사슴벌레는 사육이 비교적 쉬운 것으로 알려져 있습니다. 몇 번 엷은털왕사슴벌레를 사육해 본 적은 있으나 성충으로 무사히 우화시킨 적이 없어 아쉽지만, 언젠가 사육에 성공해서 엷은털왕사슴벌레의 멋진 모습을 보고 싶네요.

최근에는 전남 장성에 위치한 백양사에서 발견된다는 소식이 들려왔습니다. 실제로 몇몇 곤충 마니아들이 채집에 성공해서 사육을 하기도 했습니다. 엷은털왕사슴벌레는 국내에서 대만왕사슴벌레라고 불려왔다가

∷ 전남 백양사에서 채집한 엷은털왕사슴벌레 (제공:김지승)

지난 2010년에 발표된 논문에 의해 재분류되어 엷은털왕사슴벌레란 멋진 이름을 받았습니다.

이제 멋진 이름도 있고, 새로운 학명도 부여받았으니 좀 더 사람들에게 자신을 공개해주면 좋겠어요. 워낙 드물게 발견되다 보니 엷은털왕사슴벌레도 생태가 100% 밝혀지지 않은 상태입니다. 하루빨리 생태가 밝혀져서 엷은털왕사슴벌레에 대해 잘 알았으면 좋겠습니다.

털보왕사슴벌레
두륜산과 대둔산에서 만나는 사슴벌레

- **학명** : *Dorcus carinulatus koreanus* (Jang and Kawai, 2008)
- **서식하는 곳** : 전남 해남군 두륜산, 대둔산
- **사육난이도** : 중간
- **크기** : 13~22mm
- **성충의 먹이** : 참나무 수액
- **애벌레의 먹이** : 썩은 활엽수
- **생태 기간** : 알(약 20일)-애벌레(약 8개월)-번데기(15일 정도)-성충(약 1년)

털보왕사슴벌레는 **전남 해남의 두륜산과 대둔산에서만 서식하는 사슴벌레**입니다. 몸은 갈색이고, 비스듬하게 보면 온몸에 털이 나 있어요. 2000년대 중반이 지나서 발견된 이 사슴벌레로 인해 사슴벌레 연구가들에게는 빅 뉴스나 다름없었지요. 털보왕사슴벌레가 발견되고 곤충동호회 사이트에서 사진들이 올라오기 시작했을 때 대만왕사슴벌레(엷은털왕사슴벌레의 옛 이름)의 아종이라는 의견이 많았으나 2008년, 이 사슴벌레가 신종으로 발표됩니다.

국내 최대 곤충박물관인 충우곤충박물관의 장영철 대표와 일본 곤충인 신야 카와이가 공동으로 '털보왕사슴벌레'로 발표했었어요. 학명도 '한국에서 발견됐음'을 알려주듯, 'Dorcus koreanus'로 정해졌지요. 이후에 많은 사람들이 20mm가 될까 말까 하는 작은 사슴벌레를 보려고 자생지로 내려왔습니다.

그러나 워낙에 크기가 작다 보니 쉽게 볼 수 없었고, 당시에는 어떤 나무를 좋아하는지, 수명이 얼마나 되는지 등의 정보가 거의 없었으나, 애호가들의 많은 조사를 통해 생태 정보들이 밝혀지기 시작했고, 사육 방법도 알게 되었습니다.

털보왕사슴벌레는 주로 해남 두륜산에서 발견되는데, 특히 대흥사라는 사찰 주변에서 만날 수 있어요. 두륜산은 우리나라 천연기념물인 '비단벌레'의 서식지 중 하나로 유명해요. 털보왕사슴벌레는 참나무류뿐 아니라 팽나무와 서어나무에서도 발견됩니다. 희안하게도 비단벌레의 애벌레도 서어나무와 팽나무를 좋아하지요.

∷ 털보왕사슴벌레의 암컷(왼쪽)과 수컷

그래서 두륜산에서 털보왕사슴벌레를 채집하다 보면, 비단벌레 애벌레가 함께 발견되기도 합니다. 두륜산은 비단벌레 서식지다 보니 종종 환경부 관리자분들에게 오해를 받기도 합니다. 혹시나 천연기념물인 비단벌레를 채취하는 것은 아닌가 해서 말이죠. 털보왕사슴벌레도 큰꼬마사슴벌레와 함께 서울 화곡동에 위치한 충우곤충박물관에서 만날 수 있습니다.

현재 털보왕사슴벌레는 신종이 아닌 아종으로 분류된 상태입니다. 아종은 신종의 아래 격으로 특정 종의 아종 즉, 친척이라고 할 수 있어요.

왕사슴벌레 수명 길고 튼튼한 인기 사슴벌레

학명 : *Dorcus hopei binodulosus* (Waterhouse, 1874)
서식하는 곳 : 전국 각지의 저지대. 충청남도와 전라북도에 다수 서식
사육난이도 : 쉬움   크기 : 수컷 33~72mm, 암컷 22~44mm
성충의 먹이 : 참나무류 수액   애벌레의 먹이 : 썩은 활엽수
생태 기간 : 알(약 20일)-애벌레(약 8개월)-번데기(15일 정도)-성충(약 3년)

왕사슴벌레는 우리나라를 비롯하여 일본과 중국에서도 서식하며, 주로 여름철인 7~8월에 산지의 숲에서 생활합니다. 주로 밤에 활동하며 불빛으로 모이고, 몸은 광택이 나는 검은색을 띱니다. 암컷은 딱지날개에 긴 세로 홈 줄이 발달하여 다른 종과 구별됩니다. 우리나라뿐 아니라 이웃 일본에서도 가장 많은

:: 전북 완주에서 채집된 왕사슴벌레 69mm

인기를 얻고 있는 곤충인 왕사슴벌레는 **수명이 3년 이상**으로 매우 긴 편이고, 튼튼한데다가 성격이 난폭하지 않고 온순하여 사육이 쉬운 장점이 있습니다. 장수풍뎅이와 더불어 **곤충산업의 한 축을 담당**하고 있을 정도지요.

충남과 전북에 많은 수의 왕사슴벌레가 서식하고, 경기, 강원과 경상도에서 일부 살아가고 있습니다. 매년 6월이 되면 많은 사람이 충남과 전북을 방문하는데, 수액을 먹는 멋진 왕사슴벌레를 보기 위해서입니다. 왕사슴벌레는 자연 상태에서 수컷의 일반적인 크기는 55mm 정도 내외이고, 간혹 큰 개체는 70mm가 넘기도 합니다.

:: 튼튼하고 사육이 쉬워 인기가 많은 왕사슴벌레

애사슴벌레 애기처럼 작은 흔한 사슴벌레

학명 : *Dorcus rectus rectus* (Motschulsky, 1857)
서식하는 곳 : 전국 각지 산림
사육난이도 : 쉬움   **크기** : 수컷 23~53mm, 암컷 21~33mm
성충의 먹이 : 참나무 수액   **애벌레의 먹이** : 썩은 활엽수
생태 기간 : 알(약 20일)-애벌레(약 8개월)-번데기(15일 정도)-성충(약 1년)

∷ 애사슴벌레 1쌍 (만천곤충박물관)

애사슴벌레는 크기가 작아서 붙여진 이름으로 넓적사슴벌레와 함께 전국 각지에 고루 서식하는 사슴벌레입니다. 크기가 커도 40mm가 넘는 경우가 많지 않습니다. 수명은 1년 정도로 긴 편이고, 누구나 쉽게 채집 및 사육이 가능한 사슴벌레랍니다. 몸길이는 수컷이 약 23~53mm, 암컷이 21~33mm이며, 성충은

암수 모두 광택이 적은 검은색을 띱니다. 또 겨울나기가 끝난 성충은 봄인 5월부터 활동을 시작하여 6~8월까지 알을 낳고, 이듬해 5~10월까지 활동합니다.

남부지방의 따뜻한 지역에서는 일찍 활동하기도 하는데, 경상남도 거제시에서는 4월 중순에 상수리나무의 수액을 먹는 애사슴벌레들이 발견되기도 합니다. 사슴벌레를 처음 사육하는 사람들이 넓적사슴벌레처럼 가장 먼저 사육하는 사슴벌레지요.

크기가 작다보니 사육통도 많이 크지 않다면 어디에서든지 사육이 가능하고, 애벌레 역시 적은 양의 톱밥으로도 사육이 가능합니다. 성인의 엄지손가락만 한 굵기의 썩은 참나무류 가지에서는 애사슴벌레 암컷이 발견될 정도로 먹이의 양도 많지 않아요. 제주도에서는 가장 많이 볼 수 있는 사슴벌레가 바로 애사슴벌레라고 합니다.

활동력이 강해 불빛에도 자주 날아오고, 참나무류뿐 아니라 벚나무, 오리나무, 팽나무 같은 다양한 활엽수도 가리지 않을 정도로 먹이식물의 범위가 매우 넓기 때문에 왜 흔한 종류인지 알겠죠? 사슴벌레를 키워보고 싶은데, 튼튼하고, 수명도 길고, 온순한 종류를 키워보고 싶다면 주저하지 말고 애사슴벌레를 만나보도록 하세요.

:: 불빛에 날아온 애사슴벌레 수컷 (만천곤충박물관)

홍다리사슴벌레 암수 사이가 매우 좋은 사슴벌레

학명 : *Dorcus rubrofemoratus rubrofemoratus* (Vollenhoven, 1865)
서식하는 곳 : 전국 각지 높은 산림
사육난이도 : 중간 **크기** : 수컷 23~58mm, 암컷 21~37mm
성충의 먹이 : 참나무류 수액 **애벌레의 먹이** : 썩은 활엽수
생태 기간 : 알(약 20일)-애벌레(약 8개월)-번데기(15일 정도)-성충(약 1~2년)

홍다리사슴벌레는 넓적다리 마디와 배 부분이 붉은색을 띠어서 붙여진 이름입니다. 몸의 색깔은 푸른빛이 도는 짙은 검정색이며 광택이 납니다. 성충은 주로 6~9월에 걸쳐 활동합니다. 전국의 높은 산에서 살아가고 있지만, 고산지대가 많은 강원도에서 발견하기가 쉽습니다. 전라남도 같은 경우는 장성군 백양

사와 광주광역시에 소재한 무등산국립공원에서 발견되고 있습니다. 무등산의 경우는 많지 않은 개체들이 발견되고 있었지만, 이제 무등산이 국립공원으로 지정되어 보호받게 되었으니, 많이 번식하길 바래봅니다.

홍다리사슴벌레가 고지대에서 살아가고 있다지만, 불빛을 좋아해서 서식지 주변의 가로등과 주유소 등으로도 자주 날아옵니다. 이렇게 날아오는 홍다리사슴벌레는 그냥 줍듯이 채집하면 됩니다. 수명은 1~2년으로 튼튼하고, **암컷과 수컷의 사이가 매우 좋은 사슴벌레**로 알려져 있어요. 홍다리사슴벌레는 낮에도 활동하는데, 높은 나뭇가지에 매달려 생활하거나, 활엽수의 수액을 찾아다니기도 해요. 그러다 보니 종종 낮에 발견되는 경우가 있습니다. 비행력도 좋아 천적이 다가오면 죽은 척하거나 날아서 도망간답니다.

홍다리사슴벌레는 다른 사슴벌레들에 비해 만나기가 조금 어렵습니다. 그렇지만 7~9월쯤에 경기도와 강원도를 방문하게 된다면 가로등으로 날아온 홍다리사슴벌레를 만날 수 있어요. 물론 간다고 무조건

∷ 사육중인 홍다리사슴벌레

보는 것도 아니고, 그렇다고 가도 볼 수 없는 것도 아니에요. 경기도 가평이나 청평, 강원도 양양이나 강릉 등 일부 지역에서는 다른 사슴벌레들과 함께 발견됩니다.

애벌레는 계곡 주변의 죽은 나무, 즉 잘 썩어서 말랑말랑한 나무에서 발견됩니다. 홍다리사슴벌레 애벌레는 비교적 다양한 나무에서 발견되는데, 상수리나무나 신갈나무뿐 아니라 서어나무, 팽나무, 벚나무 등 의외로 여러 나무에서 나타납니다. 까맣고 축축한 썩은 나무라면 한 번 부숴보는 것이 좋아요. 홍다리사슴벌레의 작고 귀여운 애벌레들과 성충을 만날 수 있답니다.

다우리아사슴벌레 서늘한 곳을 좋아하는 사슴벌레

학명 : *Prismognathus dauricus* (Motschulsky, 1860)
서식하는 곳 : 전국 각지의 높은 산림
사육난이도 : 높음   **크기** : 수컷 20~38mm, 암컷: 20~27mm
성충의 먹이 : 참나무류 수액   **애벌레의 먹이** : 썩은 활엽수
생태 기간 : 알(약 20일)-애벌레(약 10개월)-번데기(15일 정도)-성충(약 1개월)

∷ 다우리아 수컷

∷ 다우리아 암컷

다우리아사슴벌레는 독특한 형태를 가지고 있습니다. 몸 색깔은 **짙은 적갈색**이고, 다른 사슴벌레들에 비해 광택이 유독 강한 편이며, 수컷은 큰 턱이 위로 솟은 형태랍니다. 게다가 성격도 매우 급한데다가, **더위에 매우 취약해서 서늘한 곳을 선호하는** 사슴벌레입니다.

다우리아사슴벌레 역시 고지대에서 서식하지만, 서식지에서는 많은 개체를 볼 수가 있으며 지리산 국립공원에서는 대낮에도 돌아다닐 정도로 많이 서식하고 있어요.

다우리아사슴벌레의 습성을 보면 인기가 좀 떨어지는데, 수명은 1개월 정도, 더위에 취약하고, 사육한 지 며칠 만에 죽기도 하는 등 여러모로 불리해 보이기 때문입니다. 그런데 다우리아사슴벌레는 곤충 동호인들에게 인기가 많은 편입니다. 산란 받기도 매우 까다로운 고난도지만, 애벌레의 사육은 의외로 쉽기 때문이지요. 더욱이 수컷의 큰 턱이 위로 솟아올라 재미있는 형태를 하고 있기 때문에 더 인기가 많답니다.

애완곤충을 취급하는 곤충농장과 곤충샵에서는 다우리아사슴벌레가 입고되면, 얼마 되지 않아 매진되어버릴 정도이니 참 독특한 매력이 있는 듯합니다. 다우리아사슴벌레도 불빛을 좋아합니다. 그러나 역시 더위를 매우 싫어하기 때문에 다우리아사슴벌레를 사육할 기회가 오면 서늘하다 못해 시원한 장소에서 사육하기를 권장합니다. 잘 발효된 발효톱밥과 산란목 조각들을 잘 활용한다면 산란에 도전해도 될 것 같습니다. 다우리아사슴벌레는 알다가도 모를, 정말 신기한 친구인 것 같습니다.

∷ 톱밥 속에 숨어있는 다우리아사슴벌레

넓적사슴벌레 장수풍뎅이와 맞서는 강한 사슴벌레

학명 : *Dorcus titanus castanicolor* (Motschulsky, 1861)

서식하는 곳 : 전국 각지

사육난이도 : 쉬움   **크기** : 수컷 38~82mm, 암컷 28~41mm

성충의 먹이 : 참나무류 수액   **애벌레의 먹이** : 썩은 활엽수

생태 기간 : 알(약 20일)-애벌레(약 10개월)-번데기(15일 정도)-성충(약 1~2년)

∷ 넓적사슴벌레 수컷

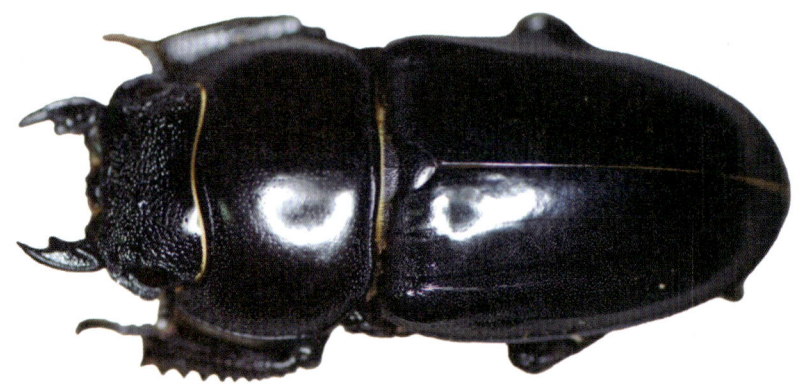

∷ 넓적사슴벌레 암컷

넓적사슴벌레는 애사슴벌레와 같이 국내에서 가장 흔한 종 중의 하나이고 폭넓게 사랑받는 사슴벌레입니다. 크기도 크고, 납작한 편이라 나무껍질에 잘 숨어있는 편입니다. 수명도 약 2년 정도고, 관리하기도 쉽습니다. 또한 전국 각지 어디에서나 만날 수 있지요. 특히 남부지방의 넓적사슴벌레는 턱이 짧고, 몸이 뚱뚱한 개체들이 많이 보여요. 원인은 밝혀지지 않았지만, 아마도 먹이나 기온, 환경적인 요인 때문이지 않을까 생각됩니다.

넓적사슴벌레는 80mm가 넘어가는 커다란 몸집으로, **숲속에서 유일하게 장수풍뎅이와 맞설 수 있습니다.** 86mm가 넘는 개체가 발견되기도 했으며, 암컷은 44mm가 넘는 개체가 발견되기도 했답니다. 숲을 호령할 만하지요?

넓적사슴벌레는 강인하고 튼튼한 체력과 강력한 큰 턱이 있어, 눈앞의 모든 적을 쓰러뜨리지만, 가끔은 암컷도 죽일 정도로 포악한 성격을 가지고 있어요. 그리고 많은 사람이 부주의하여 넓적사슴벌레를 채집하다가 물리기도 했으며, 심하면 상처를 입기도 합니다. 그러므로 넓적사슴벌레를 다룰 때는 큰 턱은 손대지 않는 것이 좋습니다. 넓적사슴벌레의 애벌레 역시 야생에서 2년 동안 성장하는데, 큰 개체는 장수풍뎅이 애벌레와 비슷한 정도까지 성장한다고 하니 대단하죠?

호전적이고, 튼튼하고, 강한 사슴벌레를 원한다면, 넓적사슴벌레를 키워보세요. 장수풍뎅이처럼 톱밥만 있어도 산란 받을 수 있고, 어느 환경에서나 적응을 잘 하기 때문에 사육하기가 좋습니다.

전라남도 영암산으로 83.5mm나 된다

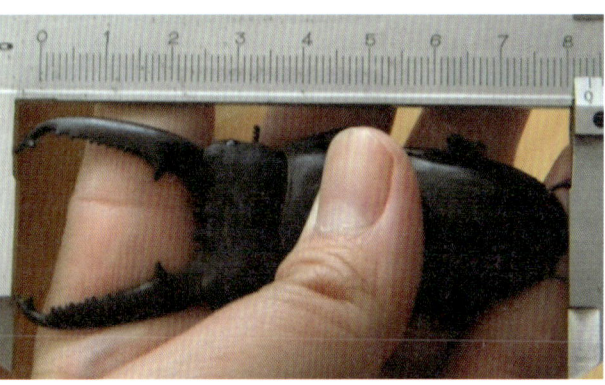

:: 넓적사슴벌레 초대형 개체

참넓적사슴벌레

넓적사슴벌레의 축소판 사슴벌레

학명 : *Dorcus consentaneus consentaneus* (Albers, 1886)
서식하는 곳 : 전국 각지
사육난이도 : 높음   **크기** : 수컷 38~54mm, 암컷 28~31mm
성충의 먹이 : 참나무류 수액   **애벌레의 먹이** : 썩은 활엽수
생태 기간 : 알(약 20일)-애벌레(약 10개월)-번데기(15일 정도)-성충(약 1~2년)

∷ 제주도에서 채집한 참넓적사슴벌레

넓적사슴벌레의 축소판 격인 참넓적사슴벌레는 여러 가지로 넓적사슴벌레와 닮았습니다. 서식지도 겹치는 부분이 많고, 가끔은 서로 교배해서 나온 교잡종이 발견되기도 합니다. 하지만 참넓적사슴벌레는 넓적사슴벌레와는 다른 종류입니다. 몸길이는 수컷이 보통 38~54mm이고, 암컷은 28~31mm 정도입니다.

넓적사슴벌레와 많이 닮은 참넓적사슴벌레는 전국의 각지에서 볼 수 있지만, 사육난이도는 약간 높은 것으로 알려져 있습니다. 특히 약간 단단한 산란목에 산란하는 참넓적사슴벌레의 알 받기가 쉽지 않답니다. 다행인 건, 지금은 참넓적사슴벌레

∷ 제주도에서 채집한 초대형급 참넓적사슴벌레 56.5mm

의 산란을 받는 기술이 생겨났다는 것이지요. 몇몇 곤충샵에서 여러 번의 도전 끝에 산란 받는 노하우도 알 수 있게 되었어요.

참넓적사슴벌레는 넓적사슴벌레에 비해 크기가 작은 편(평균 40mm)이라 먹이경쟁에서 쉽게 밀립니다. 그러다 보니 비슷한 크기의 애사슴벌레나 다우리아사슴벌레하고 자주 부딪치곤 합니다. 참넓적사슴벌레는 지난 2004년에 채집한 59mm가 초대형 개체라고 할 정도로 야생에서는 50mm가 넘는 참넓적사슴벌레를 만나기가 어렵습니다. 참넓적사슴벌레도 넓적사슴벌레처럼 가로등 불빛을 좋아한다고 하니 참고하세요.

앞서 말했듯이 참넓적사슴벌레는 넓적사슴벌레와 비슷합니다. 소형 넓적사슴벌레를 참넓적사슴벌레라고 생각하는 사람도 많지요. 그렇다면 넓적사슴벌레와 참넓적사슴벌레는 어떻게 구별할까요? 뒤페이지를 참고하시기 바랍니다.

∷ 전라북도 완주군에서 채집한 참넓적사슴벌레

5장 우리 땅에 사는 장수풍뎅이 & 사슴벌레 도감

넓적사슴벌레와 참넓적사슴벌레 차이점

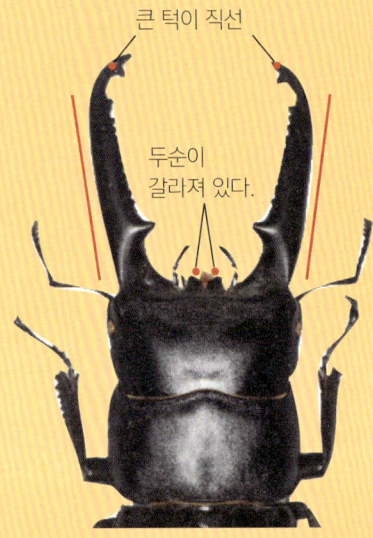

큰 턱이 직선

두순이 갈라져 있다.

:: 넓적사슴벌레

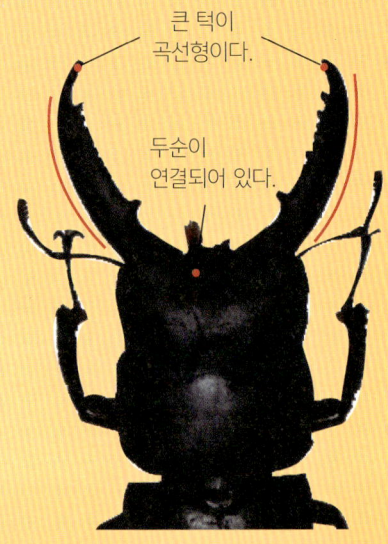

큰 턱이 곡선형이다.

두순이 연결되어 있다.

:: 참넓적사슴벌레

앞다리 안쪽이 직선으로 뻗어있다.

:: 넓적사슴벌레

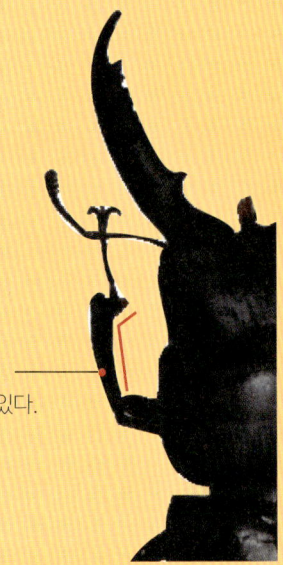

앞다리 안쪽이 안으로 휘어져있다.

:: 참넓적사슴벌레

❖ 큰 턱이 짧은 넓적사슴벌레 수컷 (전남 여수시 돌산읍 평사리)

❖ 낮에 발견된 넓적사슴벌레 암컷 (전남 여수시 자산공원)

남부지방과 제주도에서는 큰 턱이 짧고 두꺼운 넓적사슴벌레가 자주 발견 돼요. 기온이나 먹이, 습도 등 생활환경이 원인이라고는 하는데, 정확한 정보는 아직 밝혀지지 않았다고 해요. 흔한 넓적사슴벌레라도 재미있고, 흥미로운 이야기가 많나 봐요.

사슴벌레 우리나라 대표 사슴벌레

- **학명** : *Lucanus dybowskyi dybowskyi* (Parry, 1873)
- **서식하는 곳** : 전국 각지 높은 산
- **사육난이도** : 높음
- **크기** : 수컷 40~71mm, 암컷 28~44mm
- **성충의 먹이** : 참나무류 수액
- **애벌레의 먹이** : 썩은 활엽수
- **생태 기간** : 알(약 20일)-애벌레(약 1년)-번데기(15일 정도)-성충(약 3개월)

∷ 사슴벌레 1쌍

사슴벌레는 국명 앞에 아무런 수식어가 붙어 있지 않습니다. 즉, **우리나라에 서식하는 사슴벌레를 대표하는 종류**라고 할 수 있지요. 이름 앞에 수식어가 없다 보니 "그냥 사슴벌레", 이를 줄여서 "걍사", "참사슴벌레"라고 불리기도 합니다.

사슴벌레는 전국 각지의 고지대에서 서식하지만, 주로 경기도, 강원도의 고지대에서 서식합니다. 암컷은 큰 턱이 두꺼운 편이고, 배 부분과 다리 안쪽이 노란색이어서 구별이 된답니다. 그리고 암컷의 평균 크기는 다른 사슴벌레보다 훨씬 크답니다. 사슴벌레의 수컷은 머리가 코끼리 귀 모양으로 돌기가 두드러져 있고, 큰 턱의 내치가 발달하여 아주 멋진 자태를 뽐내고 있는 사슴벌레예요.

사슴벌레는 사육난이도가 상당히 높은 종류입니다. 온도가 20℃를 조금 넘는 서늘한 정도가 돼야 산란을 합니다. 톱밥도 일반 발효톱밥이 아닌 부엽토를 섞은 톱밥이 있어야 하고, 참나무류의 낙엽이 있으면 더욱 좋다고 하니 상당히 까다로운 편입니다. 애벌레 기간도 1년이 훌쩍 넘기 때문에 사육에 대한 인내심도 필요합니다.

성충은 서식지 주변의 주유소나 가로등, 편의점 불빛으로 잘 날아오고, 고속도로 가로등에도 자주 날아오다가 차에 깔려 죽는 경우도 많습니다. 그러다 보니 차에 깔려 죽은 사슴벌레를 확인하고 나서야 그 주변이 서식지라는 것을 알게 되기도 합니다.

사슴벌레는 사육이 어렵지만, 어느 정도 사슴벌레를 사육해보았다면, 한 번 사육에 도전해 보는 것도 좋습니다. 부엽토는 곤충샵에서 판매되는 신선한 부엽토가 좋습니다. 고산지대의 사슴벌레를 한번 알아가고 싶지요? 그렇다면 여유를 가지고 천천히 다가가 보는 것은 어떨까요?

:: 채집한 사슴벌레들 (제공: 홍민식)

톱사슴벌레
난폭한 성질의 인기 사슴벌레

학명 : *Prosopocoilus inclinatus* (Motschulsky, 1857)
서식하는 곳 : 전국 각지 높은 산
사육난이도 : 쉬움
크기 : 수컷 28~72mm, 암컷 25~38mm
성충의 먹이 : 참나무 수액
애벌레의 먹이 : 썩은 활엽수
생태 기간 : 알(약 20일)-애벌레(약 10개월)-번데기(15일 정도)-성충(3~6개월)

톱사슴벌레는 붉은색의 몸과 휘어진 큰 턱 때문에 "쇠스랑", "불쏘시개"라고 불리기도 합니다. **상당히 난폭한 성격**으로, 참나무류 수액 앞에서도 아무에게나 싸움을 걸 정도입니다. 그렇지만 이런 성격 때문에 톱사슴벌레를 사랑하는 사람들이 많아요. 난폭하지만, 사육은 의외로 쉬워 많은 사랑을 받고 있어요.

톱사슴벌레의 몸길이는 수컷이 보통 28~72mm이고, 암컷은 25~38mm 정도이며 몸 색깔은 흑갈색을 띱니다. 전국에 고루 분포하는 편이나, 주로 경기도와 강원도에 많은 개체가 서식하고 있습니다. 전라도와 경상도에도 많지 않지만 톱사슴벌레가 살아가고 있지요. 경기도

∷ 먹이를 지키고 있는 톱사슴벌레 수컷

에서는 이천시와 가평군을 포함해서 많은 장소에서 톱사슴벌레를 만날 수 있습니다. 그리고 다른 사슴벌레에 비해 수명이 3~6개월로 비교적 짧은 편이고, 유충 시기에 얼마나 충분한 영양 섭취가 이루어졌는가에 따라 성충의 뿔이나 몸크기에 차이가 나타나기도 합니다.

톱사슴벌레 수컷은 다리가 긴 편이어서 나뭇가지에 매달려 있기도 합니다. 암컷은 사슴벌레 암컷과 비슷하지만, 온몸이 갈색이고 몸 전체가 두꺼운 편이랍니다. 톱사슴벌레는 번데기방에서 우화한 후 성충으로써 활동하기 전에 휴식을 취하는데, 이 휴식 기간이 사슴벌레 중 가장 길어요. 어떤 톱사슴벌레는 번데기방에서 무려 5개월 이상 휴식을 취하고 활동을 하기도 합니다.

날씬하고 멋진 턱을 가지고 있으며 멋진 턱을 가진 톱사슴벌레는 7월 중순부터 활동합니다. 가장 만나기 쉬운 장소는 경기도와 강원도 야산 근처 가로등이나 주유소 주변이므로 여름에 톱사슴벌레를 만나는 건 그리 어렵지 않아요. 또 장마가 시작되기 이전에는 야행성임에도 불구하고 대낮에도 참나무류의 수액을 먹기 위해 모이는 것을 쉽게 관찰할 수 있습니다. 그 외 톱사슴벌레는 나뭇가지에 올려놓으면 맨 꼭대기에 올라가서 날개를 펴고 날아가는 습성이 있으므로 톱사슴벌레가 공중을 나는 모습을 한번 관찰해볼 만 하지 않나요?

두점박이사슴벌레   제주도에서만 사는 황갈색 사슴벌레

- **학명** : *Prosopocoilus astacoides blanchardi* (Parry, 1873)
- **서식하는 곳** : 제주도
- **사육난이도** : 쉬움
- **크기** : 수컷 38~68mm, 암컷 25~32mm
- **성충의 먹이** : 참나무 수액
- **애벌레의 먹이** : 썩은 활엽수
- **생태 기간** : 알(약 20일)-애벌레(약 10개월)-번데기(15일 정도)-성충(약 3개월)

∷ 두점박이사슴벌레(2020년 7월, 제주도 서귀포시)

우리나라에서는 제주도에 분포하며, 그 외 중국, 타이완, 몽골 등지에도 분포합니다. 두점박이사슴벌레는 제주도에서만 서식하는 사슴벌레로, 몸길이는 수컷은 38~68mm, 암컷은 25~32mm 정도가 됩니다. 몸은 오렌지색(황갈색)에, 암컷과 수컷 모두 가슴의 양쪽에 까만 점이 2개가 있어서 두점박이사슴벌레로

:: 한국산과 비슷한 중국산 두점박이사슴벌레 (만천곤충박물관)

부른답니다. 그리고 가슴의 중앙 부분은 적갈색의 선이 세로로 선을 그린 것처럼 보입니다.

두점박이사슴벌레는 톱사슴벌레 종류이지만, 턱은 직선으로 뻗어있고, 더듬이를 "부르르~" 떠는 것이 특징이랍니다. 성충은 주로 밤에 활동하며, 낮에는 낙엽이나 토양 속에서 휴식을 취합니다.

제주도의 한라산과 서귀포시 주변에서 서식하고 있으며, 환경오염이 덜 되고 깨끗한 유원지에서 주로 발견됩니다. 가로등 불빛에 날아왔다가 차에 밟혀 죽는 '로드 킬(Road Kill)'을 가장 많이 당하고 있지요. 두점박이사슴벌레는 생태와 습성, 희귀성 때문에 2012년에 환경부가 지정한 **멸종위기야생동식물 2급으로 보호**받고 있어요. 제주도에서 이 친구를 만나면 사진 촬영은 가능하지만, 채집이나 사육은 금지되어 있답니다.

다행히 일부 기관이나 지자체에서 인공번식을 시켜 서식지로 방사하는 일이 많아졌어요. 국가의 보호를 받고 숫자가 많이 늘어나면 제주도에는 두점박이사슴벌레가 더 많아질 거예요. 그런 때가 하루빨리 오면 좋겠어요.

:: 국내에서 가장 인기 높은 장수풍뎅이, 왕사슴벌레, 넓적사슴벌레

 요 약

1. 10~20mm의 소형 사슴벌레들 중에는 육식을 하는 종류가 있어요.
2. 흔한 종류도 있고, 특정 지역으로 가야만 볼 수 있는 종류가 있어요.
3. 대부분 야행성이지만, 일부 종류는 낮에도 만날 수 있어요.
4. 왕사슴벌레는 수명도 길고, 인기도 가장 많아요.
5. 두점박이사슴벌레는 채집 및 사육이 금지되어 있어요.

부록

- 장수풍뎅이와 사슴벌레 Q&A
- 한국과 일본의 사슴벌레 변이 사례
- 세계 최대 장수풍뎅이&사슴벌레
- 알아두면 좋은 곤충박물관&곤충샵
- 용어해설
- 곤충 관찰일지

장수풍뎅이와 사슴벌레 Q&A

1. 사슴벌레와 장수풍뎅이 몸을 손으로 잡을 때는 어느 부위를 잡아야 할까요?

가급적 만지지 않는 것이 좋지만 호기심에 굳이 만져야 한다면 앞가슴과 배 사이를 등 쪽에서 잡으면 됩니다. 장수풍뎅이는 가끔 가슴에 있는 작은 뿔을 손으로 잡기도 합니다.

2. 사슴벌레와 장수풍뎅이는 어디가 위험한가요?

딱정벌레(갑각류), 즉 사슴벌레와 장수풍뎅이처럼 외골격이 단단한 곤충류들은 대부분 '기문'이라 하여 배 밑면에 작은 숨구멍이 있어요. 이곳에 물이 잘못 들어가면 죽을 수도 있어요. 그리고 배를 강하게 잡거나 물에 담그면 안 됩니다.

3. 사슴벌레와 장수풍뎅이는 잘 날아다니나요?

야행성인 곤충들은 낮에는 잘 날지 않으나, 밤에 종종 날아다닙니다. 특히 장수풍뎅이는 활발하다 보니 밤에 잠을 자다 보면 "부 웅~"소리를 내며 날다가 사육통 뚜껑에 부딪히기도 합니다.

4. 장수풍뎅이와 사슴벌레 중 누가 가장 생존력이 강한가요?

수명이 3개월 미만인 장수풍뎅이보다는, 사슴벌레가 생존력이 더 강합니다. 특히 도심지역의 야산에서도 발견되는 넓적사슴벌레와 애사슴벌레, 그리고 저지대에서 발견되는 왕사슴벌레가 생존력이 강한 편입니다.

5. 장수풍뎅이와 사슴벌레 중에 누가 더 알을 많이 낳을까요?

아무래도 장수풍뎅이보다 수명이 긴 사슴벌레가 더 많이 산란합니다.

6. 우리나라에 있는 장수풍뎅이와 사슴벌레는 몇 종이나 되나요?

장수풍뎅이는 3종, 사슴벌레는 17종이 알려져 있습니다. 이중 애완용으로 잘 알려진 종류는 장수풍뎅이, 외뿔장수풍뎅이가 있으며, 사슴벌레는 왕사슴벌레, 넓적사슴벌레, 톱사슴벌레, 애사슴벌레, 홍다리사슴벌레 등 10종 이상이 알려져 있습니다.

7. 장수풍뎅이 중에서 가장 크고 센 종과 사슴벌레 중에서 가장 크고 센 종은 뭔가요?

장수풍뎅이는 종류가 아주 많아요. 외국종 중에서 강한 종류는 '헤라클레스장수풍뎅이'와 '키론장수풍뎅이'입니다. 이 장수풍뎅이들은 평균 크기가 10cm가 넘고, 헤라클레스장수풍뎅이는 180mm까지, 키론장수풍뎅이는 140mm까지 자란다고 합니다. 우리나라 사슴벌레 중에는 넓적사슴벌레가 강하며, 외국 종중에서는 108mm가 넘는 팔라완타이타누스사슴벌레(필리핀), 알세스멋쟁이사슴벌레(90mm, 씰리핀), 알키데스넓적사슴벌레(87~92mm), 그리고 그 외 타이타누스사슴벌레(평균 86~96mm)가 있습니다.

헤라클레스장수풍뎅이 원명아종   타이폰왕넓적사슴벌레

8. 사슴벌레와 장수풍뎅이의 성질은 어떤가요?

사슴벌레는 성격이 다소 느긋한 편이에요. 먹이에 대한 욕심도, 짝짓기에 대한 욕심도 별로 없고, 느긋한 성질을 갖고 있어요. 단, 넓적사슴벌레나 홍다리사슴벌레, 톱사슴벌레는 움직임이 많아요. 반면, 장수풍뎅이는 먹성이 아주 좋고 움직이는 것만 보면 짝짓기를 하려고 할 정도로 성격이 매우 활발하답니다.

9. 장수풍뎅이와 사슴벌레는 주로 언제 활동하나요?

사슴벌레와 장수풍뎅이 모두 야행성으로 밤에 활동합니다. 그러나 애사슴벌레나 홍다리사슴벌레는 낮에 활동하기도 합니다.

10. 사슴벌레와 장수풍뎅이는 톱밥을 며칠에 한번 갈아줘야 하나요?

애벌레를 사육할 때에는 톱밥을 1~2개월에 한 번 갈아주는 것이 좋으며, 톱밥에 수분이 너무 없거나 과하게 많으면 바로 갈아주는 것이 좋습니다.

11. 발효톱밥을 사용하는 이유는?

발효톱밥은 습도 조절뿐만 아니라 사슴벌레가 낮에 쉬는 장소가 됩니다. 발효톱밥과 산란목의 수분이 마르면 분무기로 물을 뿌려주어야 합니다. 발효톱밥과 산란목이 마르게 되면 알을 낳지 못하기 때문입니다.

12. 장수풍뎅이와 사슴벌레는 처음 톱밥을 깔 때, 톱밥 반 정도만 넣어줘야 하나요?

성충이 활동할 공간이면 좋습니다. 톱밥이 너무 많으면 활동할 공간이 좁고, 톱밥이 너무 적으면 곤란해요. 사육통 기준, 절반 정도가 적당합니다.

13. 곤충젤리는 언제 갈아줘야 하나요?

하루에 한번 사육통을 보고 다 먹었을 경우에 교체해주면 됩니다. 작은 사슴벌레는 2~3일이 걸릴 수도 있으나, 대형 사슴벌레나 장수풍뎅이는 하루면 다 먹습니다.

14. 톱밥을 갈 때는 어떻게 해야 하나요?

사육통에서 성충들을 꺼낸 후에 미리 준비해놓은 통에 성충을 옮겨 두고, 통에 있던 톱밥을 버리고 새로운 톱밥을 깔아주면 됩니다.

15. 장수풍뎅이나 사슴벌레 기를 때 꼭 톱밥이 필요하나요?

곤충을 기를 땐 톱밥이 필요합니다. 하지만 알을 낳게 하는 목적이 아니라면 발효되지 않은 생톱밥이나 나무껍질, 나뭇조각과 참나무 낙엽만 있어도 됩니다.

톱밥대신 이끼를 깔아 준 모습

16. 장수풍뎅이와 사슴벌레는 알을 낳을 때 나무토막을 꼭 넣어줘야 하나요?

둘 다 뒤집히는 것을 방지하기 위해 수피(나무껍질)나 놀이목 등을 넣어주어야 합니다. 장수풍뎅이의 경우 톱밥에서만 산란을 하고, 사슴벌레의 경우 산란목이라는 것을 설치해야 합니다. 왕사슴벌레, 애사슴벌레의 경우 산란목에서 산란을 하는 경우가 많지만 넓적사슴벌레나 톱사슴벌레 같은 녀석들은 톱밥, 산란목 등 어디에서나 산란을 하거나 톱밥에서만 산란을 하는 경우가 대부분입니다.

참고로 먹이는 젤리가 아닐 경우 수박, 배, 멜론, 바나나, 복숭아, 포도 등이 있습니다. 그리고 꿀의 경우 입이 굳어 죽을 수도 있기 때문에 함부로 주어서는 안 됩니다. 먹이로는 젤리가 가장 좋습니다. 요즘은 영양이 풍부한 곤충전용 젤리를 쉽게 구입할 수 있습니다.

17. 장수풍뎅이와 사슴벌레는 애벌레 때부터 성충이 될 때까지 어떻게 관리하나요?

생육온도는 24도 내외가 최적입니다. 애벌레 때는 온도를 잘 맞춰주고 2~3개월에 한 번씩 톱밥이나 균사를 바꿔주면 됩니다. 성충을 사육할 때에는 톱밥이 마를 경우 분무기로 물을 뿌려주고, 먹이가 부족하지 않도록 신경을 써주어야 합니다.

18. 사육통은 어디에 두는 것이 좋을까요?

햇볕이 내리쬐는 직사광선은 피해야 하고 가급적 서늘하고 시원한 그늘이 좋습니다. 아울러 적당한 습도를 유지해주는 것이 좋으므로 1주일에 2~3회 분무기로 뿌려주세요. 참고로 애벌레의 경우 겨울에 5도 이하로 내려가면 죽을 수 있으므로 보통 15~25도를 유지해 주세요. 장소는 서늘한 그늘이나, 책장 위 등이 좋습니다.

19. 장수풍뎅이와 사슴벌레를 키울 때 사육통에 있는 톱밥에서 진드기 같이 생긴 아주 작은 벌레들이 많이 생겼어요.

톱밥에 영양이 과하거나 수분이 많아서 생기는 현상이에요. 주 먹이는 톱밥의 유기물과 곤충용 젤리인데, 이럴 때는 뚜껑을 열어두고, 톱밥을 골고루 뒤집어서 수분의 분포를 확산시키세요. 수분이 어느 정도 날아가면 성충을 잠시 빼두고 냉장고에 하루 이틀 정도 넣어두면 진드기 등이 사라져요. 몇 시간만 넣어두면 활동을 멈췄다가 다시 활동할 수 있기 때문에 꼭 하루 이상은 넣어두어야 합니다.

20. 사슴벌레 유충병에 곰팡이가 생겼어요.

사슴벌레를 사육하는 데 있어서 곰팡이는 유충이나 성충 모두에게 별다른 피해를 주지는 않아요. 곰팡이가 생긴다는 것은 톱밥에 충분한 영양분이 있다는 것을 의미하기 때문에 크게 걱정할 필요는 없어요. 사슴벌레 유충을 사육하는 유충병에 곰팡이가 잘 생기는 이유는 유충이 잘 움직이지 않기 때문인데, 장수풍뎅이 유충은 매우 활발하지만 사슴벌레 유충은 잘 움직이지 않는 편입니다. 따라서 톱밥 속의 환경이 일정하게 유지되기 때문에 곰팡이가 자라날 수 있는 좋은 환경이 생기게 되므로 곰팡이나 균사가 번식하게 되는 것이에요. 하지만 보기에 좋지 않거나 신경이 쓰인다면 톱밥을 쏟아내서 손으로 비벼서 잘 섞어준 뒤에 다시 셋팅을 해주면 곰팡이가 좀처럼 생기지 않게 됩니다.

21. 장수풍뎅이랑 사슴벌레를 한 사육통에 넣고 키워도 되나요?

장수풍뎅이와 사슴벌레를 같은 사육통에 넣고 키우면 사슴벌레가 장수풍뎅이를 공격해서 살아있다고 하더라도 금방 죽습니다. 장수풍뎅이도 수컷은 한 통에서 같이 키우지 않도록 조심하세요.

한국과 일본의 사슴벌레 변이 사례

많은 변이가 있지만, 인상 깊었던 사슴벌레 변이 2가지를 소개할게요.

■ 한국

::왕사슴벌레 기형 (만천곤충박물관)

위의 왕사슴벌레는 서울시 영등포에 위치한 만천곤충박물관에서 보관 중인 왕사슴벌레의 기형인데 아주 독특하고 재미있어요. 오른쪽 더듬이 끝이 2개이고, 왼쪽 가운뎃다리와 뒷다리는 2개나 되네요. 기형 개체는 원인이 뚜렷하지는 않지만, 가끔 만날 수 있기도 하고, 사육하다가 기형 개체가 태어나기도 해요.

기형 개체는 나중에 표본으로 잘 보관해두면 훌륭한 연구 소재가 되기도 합니다.

■ 일본

∷ 일본에서 발견된 기형 톱사슴벌레(가운데)

이웃 나라 일본에서는 기형 사슴벌레가 종종 발견됩니다.

위 사진의 가운데에 있는 톱사슴벌레가 바로 기형이에요. 비교를 위해 수컷(왼쪽)과 암컷(오른쪽) 사이에 두었어요. 일본에서 보도한 기사에 의하면 "머리는 수컷, 가슴과 배는 암컷의 특징을 가진 톱사슴벌레(중앙), 왼쪽은 수컷, 오른쪽은 암컷.(치바현 나리타시의 고등학교 교사 시미즈 토시오씨 제공). 머리는 수컷, 몸은 암컷 사슴벌레=이바라키에서 발견, 치바에 전시되어있다."라고 해요.

머리는 수컷인데 몸이 암컷?

참 특이하고 독특한 기형이지요? 이 톱사슴벌레 기형의 원인은 뚜렷하게 밝혀지지 않았다고 해요. 이렇게 기형 사슴벌레들은 종종 우리를 놀라게하기도 하고, 화젯거리로 뉴스에 보도되기도 합니다. 기형의 사슴벌레보다는 정말 멋지고 완벽한 사슴벌레로 만날 수 있는 날이 더 많아졌으면 좋겠어요.

세계 최대 장수풍뎅이 & 사슴벌레

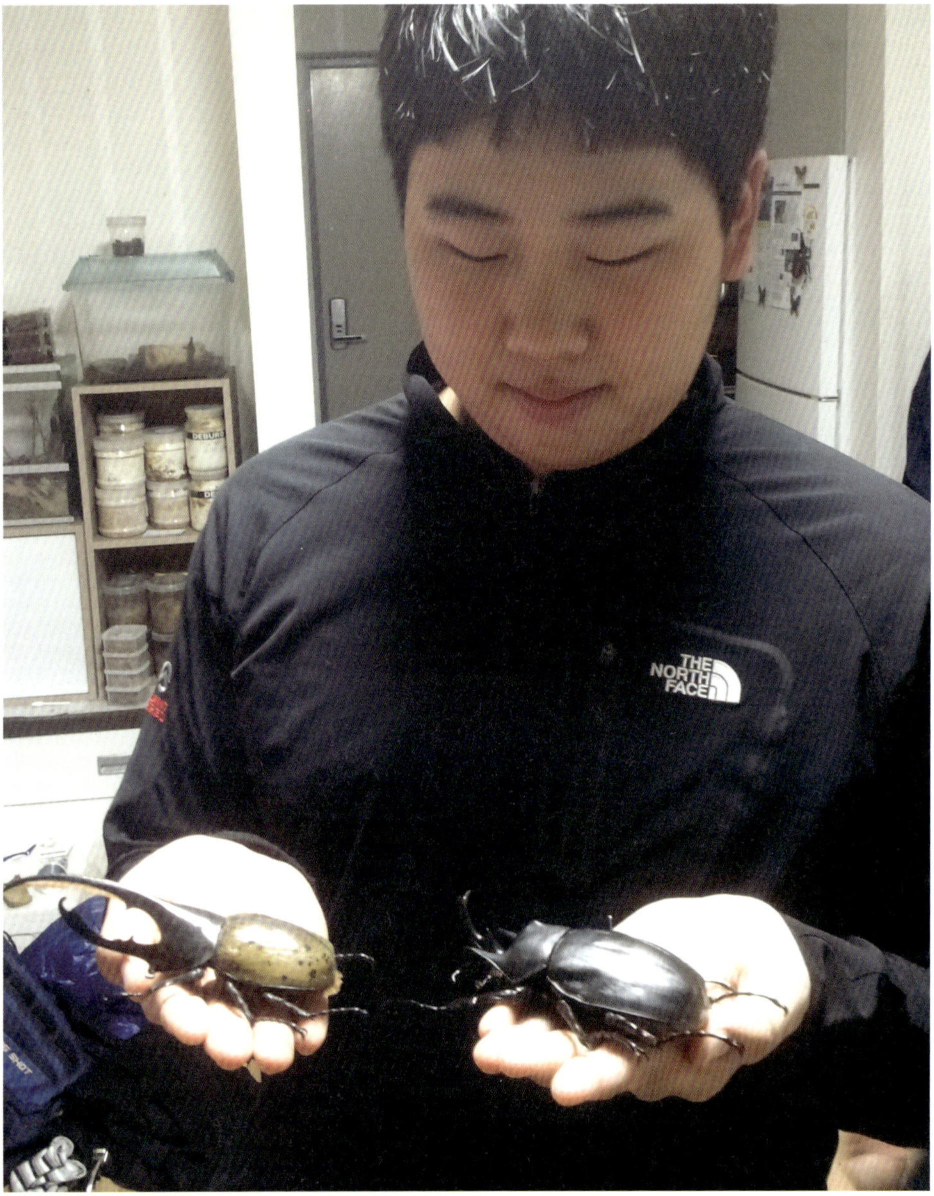

:: 사람 손에 꽉 차는 해외 장수풍뎅이들 (제공: 최우창)

세계에는 다양한 크기의 장수풍뎅이와 사슴벌레가 있어요. 여기에는 우리에게 잘 알려진, 초대형 크기로 유명한 친구들을 소개합니다.

■ 장수풍뎅이

장수풍뎅이 중에는 남미에 사는 친구들과 동남아 지역에 사는 케이런장수풍뎅이가 유명합니다. 한 번 살펴볼까요?

∷ 세계 최대의 장수풍뎅이 헤라클레스왕장수풍뎅이(에콰도르, 페루 등)

헤라클레스왕장수풍뎅이는 이름만큼이나 강력한 힘을 자랑하는 남미의 대표적인 친구예요. 여러 지역에 12종류의 다양한 헤라클레스왕장수풍뎅이가 서식하지만, 마니아들에게 "헤라 헤라"라고 불리는 친구가 가장 커요. 남미의 도미니카 연방과 과들루프섬에 사는 친구인데요, 최대 크기가 178mm가 넘는다고 합니다. 다른 친구들도 120~170mm 정도이니, 우리 손보다 더 큰 종류도 있겠지요?

이들은 남미의 높은 산에서 살아가는데요, 습기가 많으면 노란 겉 날개가 어두워지기도 합니다. 애벌레도 엄청나게 커서 장수풍뎅이의 애벌레의 몇 배는 더 크고 묵직하다고 합니다. 이렇게 크기도 크다 보니 톱밥을 먹는 양도 어마어마합니다. 많이 먹어서인지, 다 자란 성충의 모습도 클 수밖에 없겠지요?

∷ 세계에서 가장 무거운 장수풍뎅이. 악테온왕장수풍뎅이

악테온왕장수풍뎅이가 속한 "*Megasoma* sp.(메가소마 그룹)"은 덩치가 크고 무거운 친구들이 많아요. "Mega(큰)"와 "Soma(몸)"가 합쳐졌으니, 얼마나 큰지 알겠지요?

∷ 마르스왕장수풍뎅이 　　　　　　　　　　∷ 코끼리왕장수풍뎅이

마르스왕장수풍뎅이는 메가소마 그룹 중 최대 140mm로 가장 크고, 코끼리왕장수풍뎅이와 악테온왕장수풍뎅이도 130~135mm로 큰 덩치를 이야기해요. 특히 악테온왕장수풍뎅이는 수컷 애벌레의 무게가 200g이 넘기도 하니, 국산 장수풍뎅이 애벌레(3령 말기-약 50g)보다 얼마나 무거운지 알겠죠? 애벌레 기간도 무려 3년(악테온왕장수풍뎅이)이 넘는다고 합니다. 남미에 사는 친구들은 크기와 무게도 엄청나게 무겁고, 대단하네요.

∷ 강한 힘을 가진 키론왕장수풍뎅이

인도네시아와 인근 지역에서 살아가는 키론왕장수풍뎅이는 예전 이름인 '코카서스왕장수풍뎅이'로 더 많이 불리고 있어요. 3개의 긴 뿔과 단단한 갑옷, 기다란 앞다리 등 싸움에 유리한 몸을 가지고 있어요. 앞서 소개한 헤라클레스왕장수풍뎅이는 싸움을 좋아하진 않는데요, 키론왕장수풍뎅이는 싸움을 즐긴다고 합니다. 인도네시아 수마트라섬에 사는 친구가 최대 140mm가 넘는데요. 헤라클레스왕장수풍뎅이와 맞서기도 하고, 암컷도 죽일 정도로 난폭한 성질을 가지고 있습니다.

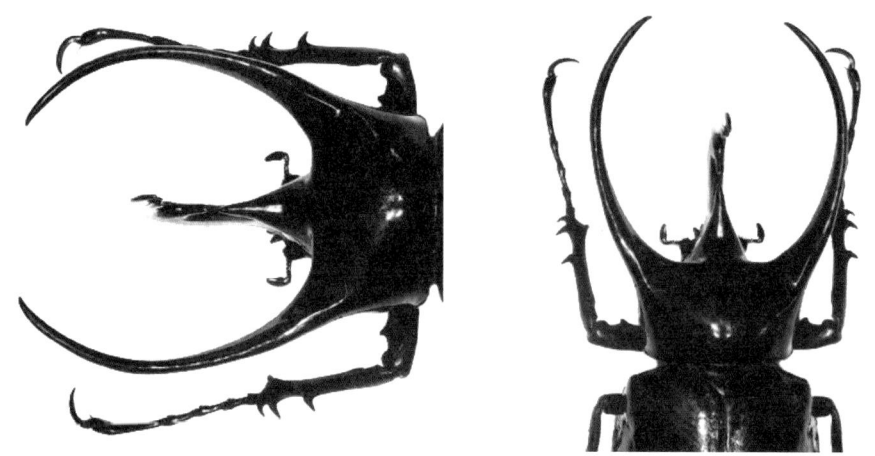

∷ 긴 앞다리(왼쪽)과 3개의 뿔은 강력한 무기가 된다

부록 111

:: 곤충싸움대회 최강자 타이타누스왕넓적사슴벌레 (필리핀 팔라완섬)

■ **사슴벌레**

사슴벌레들 중에도 큰 친구들이 있어요. 넓적사슴벌레 친구들과 톱사슴벌레 친구들이 크고 강한 친구들이 많습니다.

필리핀의 팔라완 섬에 사는 타이타누스왕넓적사슴벌레는 110mm가 넘기도 하는데, 장수풍뎅이들을 죽이기도 하는 강력한 힘을 자랑하며, 일본에서 열리는

:: 최대크기 110mm가 넘는 만디블라리스사슴벌레

∷ 인터메디우스사슴벌레   ∷ 엘라푸스톱사슴벌레

곤충싸움대회에서 거의 1등을 차지하곤 합니다.

만디블라리스사슴벌레나 인터메디우스사슴벌레, 엘라푸스사슴벌레도 100mm가 훨씬 넘는 엄청난 크기를 자랑하고, 역시 강력한 힘을 갖고 있지만, 타이타누스왕넓적사슴벌레에게는 조금 밀리는 감이 있습니다. 그 외에 동남아시아 지역과 필리핀 등지에서 살아가는 기라파톱사슴벌레도 최대 110mm가 넘는 꽤 큰 덩치를 자랑합니다. 덩치만큼이나 강력한 힘도 보유하고 있다고 하니 역시 세계는 참 넓은 것 같습니다.

∷ 필리핀 시부얀 섬에 사는 기라파톱사슴벌레-다이스케 아종

알아두면 좋을 곤충박물관 & 곤충샵

1. 충우곤충박물관
stagbeetles.com
서울시 강서구 강서로 143, 4층
대표 : 장영철   연락처 : 02) 2601-3998

2. 만천곤충박물관
www.dryinsect.co.kr
서울시 영등포구 영등포로 187, 4,5층
대표 : 김태완   연락처 : 02) 2675-8724

3. 빅혼
bighornmania.cafe24.com
인천광역시 남구 숙골로 43번길 158-25 지하 1층
대표 : 홍민식   연락처 : 032) 888-9325

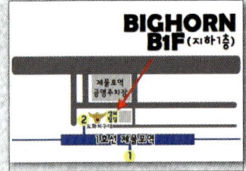

4. 레오곤충샵
https://blog.naver.com/sonyho128
경기도 부천시 원미구 조종로 38
대표 : 한성숙   연락처 : 010-3358-7644

5. 프랜쥬
www.frienzoo.com
경북 포항시 북구 중앙로 288 2,3층
대표 : 김경민   연락처 : 010-4894-9456

곤충 채집과 관찰에 필요한 도구들

곤충을 채집하거나 관찰하려면 몇 가지 필수도구들이 필요합니다. 채집을 떠나거나 관찰을 할 때 아래의 도구들을 준비해두면 편리합니다. 또한 안전에도 주의를 기울여야 합니다. 혼자서 함부로 산속에 들어가거나 하는 일은 없어야 합니다. 곤충을 채집할 때도 곤충에게 물리지 않도록 주의해야 하며, 숲속의 식물들이 다치지 않도록 조심해야 합니다.

■ 기본 준비물

산이나 숲속에 들어갈 때는 안전한 복장을 착용하고 들어가야 합니다. 그리고 혼자가 아닌 어른과 함께 다녀야 하고, 벌 등에 쏘이지 않도록 각별히 주의해야 합니다.

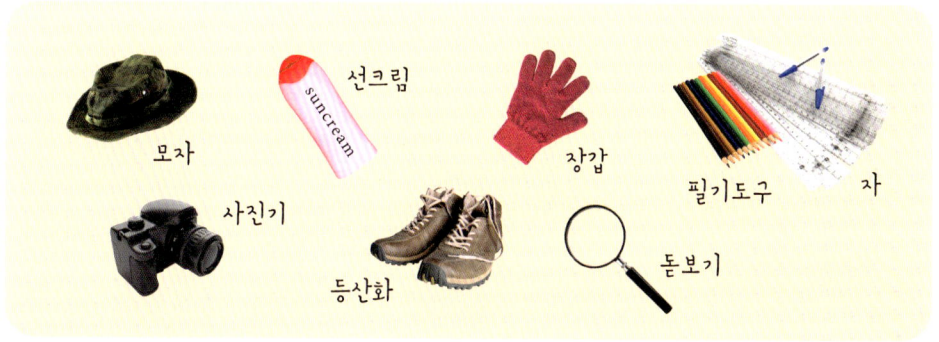

■ 채집 준비물

용어해설

곤충용 젤리	곤충에게 필요한 영양소를 넣어서 만든 젤리포
균사	톱밥에 버섯종균을 배양해 만든 사슴벌레 전용 인공사료. 곤충전용 균사를 사용해야 좋습니다.
기문	숨을 쉬는 숨구멍
놀이목	곤충이 놀 수 있도록 잘려진 나뭇가지
두엄·퇴비	부엽토와 비슷하거나 같습니다.
두순	사슴벌레의 큰 턱 사이에 있는 작은 돌기
령	애벌레의 시기이며, 사람의 나이라고 볼 수 있어요.
며느리발톱	곤충의 발톱에 있는 작은 발톱으로, 사물을 단단히 붙잡는데 쓰여요.
번데기방	애벌레가 번데기가 되기 전 자신의 몸을 보호하기 위해 자신의 체액과 배설물로 만드는 달걀 모양의 방
부엽토	낙엽이나 지푸라기 등이 쌓이고, 썩어서 이루어진 흙 퇴비로 사용하며 일부 곤충의 먹이가 됩니다.
산란목	버섯재배용 폐목으로 만든 나무. 적당히 잘라서 사용
산란셋팅	곤충이 알을 낳을 수 있는 최적의 환경을 꾸며주는 것
산란셋팅 해체	톱밥이나 산란목에서 알이나 애벌레를 채취하는 것
산지성 곤충	산에서 사는 곤충
삼각지	기름종이를 잘라 삼각형으로 접은 것. 나비와 잠자리를 담는데 써요.

수액	상처 난 나무가 자신을 방어하기 위해 내는 향긋한 액체
식흔	곤충이 나무 속을 갉아먹으면서 생기는 흔적, 갉아서 생긴 작은 가루들
아종	특정 종의 아랫단계. 친척이라고 생각하면 편해요.
외골격	곤충의 피부. 단단한 키틴질 껍질로 이루어져 있어요.
유충병	애벌레를 사육하기에 적절한 플라스틱 통
전족	곤충의 다리를 보기 좋게 정리하는 작업을 말해요.
전족판	한쪽이 스펀지나 우드락으로 이루어진 넓적한 판
코쿤	톱밥으로 만드는 경단모양의 번데기방. 보통 꽃무지과 곤충이 만들어요.
톱밥	나무를 잘게 부숴 가루형태로 만든 것. 곤충용 톱밥은 참나무로 만들어지며, 영양소를 넣은 다음 일정 기간 발효시켜서 만들어요.
포충망	매미채, 잠자리채로 불리며, 긴 막대의 끝에 그물망이 달린 동그란 링이 달려있습니다. 곤충을 채집할 때 쓰입니다.
표본핀	스테인레스 재질로 이루어진 곤충표본용 핀. 다양한 크기가 있습니다.
학명	린네가 고안해낸 '이명법'을 사용한 것으로, 해당 곤충의 속명과 종명으로만 이루어져, 세계에서 공통으로 사용하는 이름을 말해요.

곤충 관찰 일지

( )학년 ( )반 ( )번		이 름	
관찰일시	20 . . .	관찰장소	
관찰대상		날 씨	

1. 관찰 일기

_____
_____
_____

2. 관찰한 곤충과 특징 그려보기

3. 관찰한 느낌은?

_____
_____

곤충 관찰 일지

( )학년 ( )반 ( )번		이 름	
관찰일시	20 . . .	관찰장소	
관찰대상		날 씨	

1. 관찰 일기

_____
_____
_____
_____

2. 관찰한 곤충과 특징 그려보기

3. 관찰한 느낌은?

_____
_____

도서출판 이비컴의 실용 브랜드 **이비락** 樂 은 더불어 사는 삶의
긍정의 변화를 줄 유익한 책을 만들기 위해 노력합니다.
원고 및 기획안 문의 : bookbee@naver.com